博士文库

# 制度合法性与电信运营企业可持续发展

Zhidu Hefaxing yu Dianxin Yunying
Qiye Kechixu Fazhan

左　娟 ◎ 著

知识产权出版社
全国百佳图书出版单位

**图书在版编目(CIP)数据**

制度合法性与电信运营企业可持续发展 / 左娟著. —北京:知识产权出版社,2015.5
ISBN 978-7-5130-3480-7

Ⅰ.①制… Ⅱ.①左… Ⅲ.①电信－邮电企业－企业经营管理－研究 Ⅳ.①F626

中国版本图书馆CIP数据核字(2015)第095715号

**内容提要**

本书提出了可持续发展战略的定义,并针对电信行业提出企业可持续发展战略和可持续发展绩效的研究维度,构建了一个合法性对企业可持续发展及绩效的影响模型,进行了实证研究。

本研究的主要创新是:结合电信行业实践,对合法性提出了更多的研究变量;实证检验了企业的可持续发展战略选择行为是一个中介变量;针对电信行业提出了企业可持续发展战略选择以及企业可持续发展的经济绩效、环境绩效和社会绩效的测量标准和方法;围绕企业可持续发展,对电信行业的组织场域与制度演化进行了分析,以中国电信业的数据判断了场域相关者演变与制度演变的一致性。

责任编辑:安耀东

# 制度合法性与电信运营企业可持续发展

左娟 著

| | | | |
|---|---|---|---|
| 出版发行: | **知识产权出版社**有限责任公司 | 网 址: | http://www.ipph.cn |
| 电 话: | 010-82004826 | | http://www.laichushu.com |
| 社 址: | 北京市海淀区马甸南村1号 | 邮 编: | 100088 |
| 责编电话: | 010-82000860转8534 | 责编邮箱: | an569@qq.com |
| 发行电话: | 010-82000860转8101/8029 | 发行传真: | 010-82000893/82003279 |
| 印 刷: | 北京中献拓方科技发展有限公司 | 经 销: | 各大网上书店、新华书店及相关专业书店 |
| 开 本: | 720mm×1000mm 1/16 | 印 张: | 11.25 |
| 版 次: | 2015年5月第1版 | 印 次: | 2015年5月第1次印刷 |
| 字 数: | 174千字 | 定 价: | 45.00元 |

ISBN 978-7-5130-3480-7

# 前　言

　　战略研究的一个重要出发点就是认识和理解组织决策的制定者如何做出选择。企业成长的行为选择与路径实际上是根植于特定的制度环境，制度合法性，是新制度主义在组织研究领域的重要成果。由于新制度主义将组织的行为与组织所处的外部环境紧密地联系在一起，相比较资源基础观等战略管理理论强调组织内部资源与能力而非组织及其代理人生存的环境及其互动和影响过程，其对解释企业的竞争优势、解释企业如何实现可持续发展更具说服力。

　　既有研究（尤其是国内研究）较少涉及制度合法性与企业可持续发展战略及绩效之间的关系。并且，对于企业可持续发展战略与绩效之间关系的实证研究存在结论复杂甚至因果关系不清晰的情况。因此，构建一个合法性制度对企业可持续发展战略及绩效的影响模型，重视组织对制度环境的反向影响、对企业可持续发展提出新的测量变量，检验特定情境下的合法性制度与企业可持续发展战略及绩效的关系，是具有重要理论意义的。通过文献回顾发现，围绕制度合法性提出的变量，很可能离不开对企业利益相关者的分析，因为只有与企业利益相关的群体才有可能对企业造成影响，这些群体是企业所处"由信念、信仰、准则和概念等要素社会性建构而成的系统"的参与者。而且，对影响企业可持续发展的制度因素应考虑更多变量，将制度对企业可持续发展的影响模型做得更加细致。

　　本研究从内、外部两方面来考虑企业的制度环境，结合利益相关者理论对制度合法性提出了更为细分的变量，并考虑模仿机制提出关于其他企业示范的变量，以及结合电信运营企业实际而提出集团公司内部资源配置要求等变量。本研究提出了可持续发展战略的定义，并针对电信行业提出企业可持续发展战略和可持续发展绩效的研究维度，构建了一个合法性对企业可持续发展及绩效的影响模型，提出变量间的假设关系。随后，本研究通过大规模的内容分析、获取二手数据，进行了实证研究。本书主要得到以下结论：①行业监管约束显著影响企业的可持续发展战略及绩效，且企业可持续发展战略选择发挥着中介作用。主要原因在于有着与政府部门传统的上下互动关系，同时制度因素通过改变企业的资源供给会影响到企业的战略演变。②客户、产业上下游、社会公众和媒体的要求，均对企业可持续发展绩效有显著影响，且企业可持续发展战略选择发挥着中介作用。③内部资源配置要求对企业可持续发展绩效影响显著，且是负相关。④企业规模、财务表现不一定显著影响电信运营企业的可持续发展。

本书的创新主要体现在：①结合电信行业实践，对合法性提出了更多的研究变量。②提出了合法性影响企业可持续发展绩效的中介变量。在本书通过数据验证了企业的可持续发展战略选择行为是一个中介变量。③针对电信行业提出企业可持续发展战略选择以及企业可持续发展的经济绩效、环境绩效和社会绩效的测量标准和方法，从而丰富了合法性及企业可持续发展战略在行业层面的研究成果。④围绕着企业可持续发展这一问题对电信行业的组织场域与制度演化进行了分析。本书通过分析验证了关于组织场域研究的重要观点，以中国电信业的数据判断了场域相关者演变与制度演变的一致性。

当然，囿于研究者本身的学术素养，研究工作仍然存在诸多不足之处。对此，论文最后部分提出了本研究的局限性以及在未来还需要深入研究的若干问题。

# 目 录

# 第1章 导 论

## 1.1 研究背景

### 1.1.1 现实背景:企业持续发展的需求

可持续发展是20世纪80年代随着人们对全球环境与发展问题的广泛讨论而提出的一个全新概念,是人们对传统发展模式进行的深刻反思。人们之所以对自己的发展模式产生困惑,主要是因为传统的发展模式已经给人类造成各种困境和危机。而在过去的几十年,各国政府和大型企业的决策者们,纷纷提高了环保意识,各种关于环境保护和社会公平的团体在世界各地出现。一个多世纪的工业发展已经使得全球付出了代价:全球变暖、臭氧层破坏、空气和水污染、水土流失等。这些环境问题都被广泛认为需要立即解决。这些问题和认识,也导致各国政府增加了监管力量,提高了对公共环境的关注。

如果说世界的环境问题十分复杂,那么中国的环境问题则更为复杂。中国的环境问题呈复合型、压缩型、结构型特征。发达国家上百年逐步出现、分阶段解决的问题,在我国最近的30年经济快速发展过程中集中爆发。而中国解决环境问题的时期,正好又处于工业化、城市化快速发展时期。因此,在相当长的时间内,中国的环境问题都将十分突出。根据《中国应对气候变化国家方案》中透露的数字,1994年中国温室气体排放总量为40.6亿吨二氧化碳当量,2004年则达到了61亿吨。10年间中国温室气体排放总量增长了20亿吨,年均增长率约为4%。而另有资料显示,我国1/3的国土已被酸雨污染,主要水系的2/5成为劣五类水,3亿多农村人口喝不到安全的水,4亿多城市居民呼吸着严重污染的空气，1500万人因此得上支气管炎和呼吸道癌症。

与此同时，从企业的发展来看，市场竞争日益复杂和环境不确定性造成企业竞争更加激烈，短命企业比比皆是。很多企业几乎一夜成名，又几乎同样迅速甚至更快地消亡。在私营企业和个体企业中还存在着大量的侵害职工合法权益的事件、偷漏税等违法违规现象，例如多年来民工欠薪已经形成顽疾，不少讨薪事件发展为严重的社会治安问题。而2008年"三鹿奶粉事件"引发的食品安全和侵害客户权益的现象，不仅导致三鹿企业宣告破产，还造成社会的巨大震动，引发了社会各界对于企业可持续发展的深层次思考。

可以说，企业作为国民经济的细胞，企业的可持续发展与整个社会的持续发展紧密相关，不仅关乎企业自身是否能够基业长青，也是国内社会经济发展的需要、社会和谐安定的需要。

短期内，企业不负责任的行为也许能够给企业带来利益；但是从长期来看，这些不负责任的行为必然会导致对社会经济秩序的破坏而进一步造成对企业利益的损害。而中国政府构建和谐社会战略的提出和实施，也促进了公众不断增加对自身权益和社会利益的关注。政府和公众都要求企业在获取经济利益的同时，必须以可持续发展为理念、承担相应的社会责任。

长期以来，古典经济学理论认为企业是以利润最大化及成本最小化为目标的经济人。在这种"经济人"假设之下，往往会认为企业对社会的贡献主要在于经济贡献，这在一定程度上导致和放任了企业的盲目逐利行为。因此，研究企业可持续发展问题，将有助于走出对企业"经济人"的认识和实践误区，并为企业构建可持续发展的新模式、新途径提供客观的依据和理论基础。

因此，研究企业可持续发展的影响因素及如何促进企业可持续发展，是推动我国社会经济持续发展的重要课题。

## 1.1.2　理论背景：影响机制研究薄弱

制度研究是学术界研究的热点，其研究领域涉及经济学、政治学、社会学、心理学等。制度研究最早可以追溯到19世纪。制度研究大致可以分为两个阶段：20世纪中期之前是早期的制度研究阶段；20世纪70年代的组织被引入制度研究领域，并且获得了学术界广泛的关注，由此拉开了新制度主义研究的序幕。❶

Meyer和Brian在1977年发表了《制度化的组织：作为神话和仪式的正式化结构》一文，标志着组织社会学的新制度主义学派的创立。新制度主义学派认为，在制度环境中，组织会由于采用了适当的结构和程序而受到奖励和认同；组织会在无形的压力中采用那些在制度环境下广为接受的组织形式和做法，无论这些形式和做法对组织运作是否有效率。Meyer等界定了组织的技术环境和制度环境的区别，而之前学者们对环境的研究着眼点主要在技术环境。Scott（1987）认为，新制度主义对于组织研究的一个最重要贡献就是对组织环境概念的重新界定。这让人们注意到了长期以来被忽视的另外一面，即制度化的信仰体系、规则和惯例等并非是学者虚幻的想象或者仅仅是文化历史层面上的表现形式，而是内化在个体和组织的思想和行为之中，成为个体和组织赖以生存和发展的基础。

长久以来在战略研究领域占据统治地位的基本上是理性行动者（rational-actor）的分析范式。体现这一立场的有经济学、交易成本理论以及产业组织理论等（Farjoun，2002）。而制度理论则为我们提供了另一个视角，即分析企业决策和行为的具体情景，使得我们更为深入地理解组织的结构、行为模式同组织所处的特定、更广阔的社会情境脉络之间的内在关联。

新制度主义的研究指出，与社会期望保持一致有利于组织的生存和成功（Baum等，1991；Carroll等，1989；DiMaggio等，1983），通过遵从环境来增加其合法性、资源和生存能力，从而获得回报，是企业得以成功发展和长久发展的重要原因。

由于新制度主义将组织的行为与组织所处的外部环境紧密地联系在一起，相比较资源基础观（resource-based view）等战略管理理论强调组织内部资源与能力，而非组织生存的环境及其互动和影响过程（郭毅，2006），其对解释企

---

❶ 郭毅. 新制度主义：理论评述及其对组织研究的贡献[J].社会，2007，27: 14-40.

业的竞争优势、解释企业如何实现可持续发展更具说服力。

近年来的研究成果已经清楚地揭示出制度环境差异所导致的战略行为特质。例如，针对转型经济的实证研究表明，转型背景对于企业在成长和战略演变过程中所表现出的战略倾向（strategic orientation）具有极其重要的影响（Peng，1997；Tanand Litschert，1994）。据此可以推断，企业可持续发展战略行为与制度环境有着密切的关系。

然而，尽管企业可持续发展的动因是离不开制度环境的，但到目前为止，利用制度理论研究企业可持续发展的文献仍然较少，尤其是实证研究还很薄弱。大部分关于企业可持续发展的研究，都还是把重点放在对企业可持续发展内涵的讨论上，或者停留在对理论模型的构建上。

可以说，制度环境如何影响企业可持续发展的相关研究还十分薄弱，有待进一步的细致研究。

## 1.2 问题的提出

战略研究的一个重要出发点，就是认识和理解组织决策的制定者如何做出选择（Child，1972）。企业成长的行为选择与路径实际上是根植于特定的制度环境的。除了强调产业、企业层面条件的重要性之外，国家和社会的特定制度因素必须纳入揭示企业战略行为特质的理论视野中来，用一种新的、以制度为基础的战略观点来解释企业战略的特质（DiMaggio 和 Powell，1991；Oliver，1997）。

"制度直接决定企业在制定和实施战略、打造竞争优势时的方向"（Ingram 和 Silverman，2002）。即便是在成熟的市场背景下，不同国家特定的制度情境也对企业战略行为及其变化产生重要影响，应成为研究企业异质性的重要组成部分。例如，Wan 和 Hoskisson（2003）针对西欧六个国家的企业样本的实证研究揭示了不同国家企业在多元化的战略行为模式上具有不同的选择。又如，有研究指出，东道国制度发展水平的确与该国的外国子公司绩效变化平均水平有着曲线关系（Makino S，Isobe T，2004）。而大量关于转型经济中企业战略演变路径的研究更是表明了类似的观点。新兴经济体（特别是中国）和发达经济体在制度框架上的巨大差异使学者们在考虑产业和资源基础因素之外，更多地关注这些制度差异（Doh，Teegen 和 Mudambi，2004；Makino，Isobe 和 Chan，2004）。❶

企业所做出的每一个战略选择都会内在地受到特定制度框架中各种正式的和非正式的制约因素的影响（王益民，2004）。Oliver（1997）曾就制度环境和技术环境对企业的利润性影响问题做了实证检验。结果显示：制度环境和技术环境分别都对企业利润业绩产生明显的正相关关系。但是当技术环境保持稳定而外部规制压力达到一定程度时，制度环境成了影响企业利润的关键因素。这说明，制度环境在企业成长过程中起着重要的促进或制约作用。更为重要的是，企业面对制度变迁并不仅仅是消极应对，而是可以采取多种应对方式来改变和控制制度环境（Oliver，1991）。Goodstein（1994）则进一步认为，组织会根据他们自身所具备的独特制约条件和激励因素，对制度性压力做出各自不同的战略性反应。

强调企业可以通过其战略选择和行为来改变其所处的制度环境，这一点具有重要意义，因为有可能基于企业与制度环境的互动来提出关于企业在转型经济制度背景下如何实现可持续发展的重要观点。

事实上，有关"解释组织战略的内容与有效性的时候应关注制度因素"的研究理念越来越为国际上战略管理研究者所接受。在战略管理及其他管理学分支的研究领域中，研究者对于应用新制度主义从事研究的兴趣日益增加。❷

制度理论进行"合法性"的探讨，从企业管理的角度来看，还是在探讨如何有利于组织的成功和生存，最终还是会落到企业如何发展，与企业获取竞争优势、实现基业长青的核心议题联系起来。

那么，基于对制度合法性的认识，我们不禁要思考：制度合法性与企业的

---

❶ PENG M W. 2005. Perspectives—from China strategy to global strategy. Asia Pacific Journal of Management, 22:123-141.

❷ 郭毅. 2006. 制度环境视野下的中国战略管理研究途径[J].管理学报，33(6): 643-661.

可持续发展课题应有着紧密的联系，而二者之间有着怎样的联系？换句话说，制度合法性体现在不同方面、有不同的要素，究竟是哪些要素会对企业可持续发展战略产生影响？企业可持续发展战略的实施又会进一步影响其绩效，制度合法性、可持续发展战略与绩效之间是什么关系？

如果将企业可持续发展这一课题同中国转型经济的特殊背景结合起来，其研究就更具吸引力了。而电信运营业又是一个很特殊的行业：第一，电信运营企业都是大型央企且均已在海外上市，面临国资委和海外投资者的双重监督约束。既要接受国资委的管理，又要接受国际资本市场严格的监管要求。第二，电信运营业作为垄断行业，政府的监管政策对企业的影响很大。第三，电信运营企业一直是媒体、公众、消费者关心的焦点。电信霸王条款、网络质量、辐射、垃圾短信、手机互联网非法内容等的投诉热点不断吸引着社会各方的关注。第四，电信业由诸多主体构成，电信产业变得日益庞大而复杂（王育民，2004）。电信运营企业与产业上下游合作伙伴的关系也在不断演变之中。第五，电信行业的竞争日益激烈和复杂。电信行业虽然是属于较为典型的自然垄断产业，且因为历史原因有着较为浓厚的行政垄断色彩，但是近十几年来不断被破除行政垄断的保护。几大电信运营企业之间的竞争日益激烈，这直接反映在电信资费的不断下降上。一方面运营企业会更加注重同政府、客户、合作伙伴、社会公众的关系，以利于在竞争中取胜；另一方面竞争也可能导致企业利润下降，从而迫使企业更加重视提高内部资源配置效率以提升运营效益。因此，可以说，电信运营企业面临复杂的制度环境。

同时，我们也可以观察到，电信运营企业对政府部门、对客户、对社会公众、对合作伙伴也在不断做出响应，例如不断推出服务质量改进措施、治理垃圾短信、推出环保计划、改变产业合作管理方式等；这几年来，围绕投诉热点也不断出现热点事件，而回顾每次热点事件，我们也能够发现电信运营企业对于热点事件的反应速度在不断加快，越来越多的电信企业邀请客户、政府、媒体走进企业进行参观和交流，以加强互动和双向了解。

从上述关于电信运营业现状的描述中，我们可以发现：一方面，制度环境的各个要素显然会影响电信运营企业的战略，导致企业的战略在逐渐演变。另一方面，企业采取这些行动已不仅仅是为了提高企业财务绩效。例如，电信运营企业中国移动公司发布的社会责任报告中就是围绕三个要点：经济责任、社会责任、环境责任，从中我们可以看出电信运营企业对自身价值的衡量已超越了传统的财务绩效。电信运营企业为了追求各方的认可，努力使自己的行为符合来自各方的正式和非正式的要求。这种行为，已经不能用效率机制来解释了，而是与新制度主义的"合法性"概念相契合。

这些都不禁令我们思考：电信运营企业遇到的内、外部环境的诸多要求与其战略行动之间是怎样的关系？运营企业采取了这些行动，对其"绩效"又会产生怎样的影响？该如何衡量运营企业所产生的"绩效"？

从理论和电信行业实践这两方面所提出的问题，使得我们有必要针对电信行业进行合法性与企业可持续发展战略以及绩效之间的研究。对这些问题的解决，可以进一步揭示企业制度环境与其战略决策行为以及绩效之间的关系，并且围绕"可持续发展"这一既关系到企业自身生存发展，更关系到社会和经济持续、稳定、健康发展的重大主题，把企业制度环境同可持续发展战略、绩效密切联系起来，可以丰富战略管理研究的内容，并且为电信运营企业的管理实践提供指导和参考观点。

# 1.3 研究目的和方法

## 1.3.1 研究目的

新制度主义对合法性的研究，证实了企业所处的制度环境对于企业决策有着重要影响，均重视合法性产生的要求对组织决策行为的影响方式研究。但是，从实证的角度看，用合法性哪些变量来测量，却是根据研究对象的不同而差异很大，而且所得出的结论也不尽一致。同时，对于制度合法性对组织战略的影响，较少有站在企业可持续发展战略的角度来研究的。合法性对企业的可持续发展战略制定和实施的影响的实证检验就更加少了。

而对于有着复杂制度环境的中国电信运营企业，在国内目前还几乎没有对其制度合法性同可持续发展战略和绩效之间关系的研究。

本研究将梳理制度合法性、企业可持续发展理论的相关研究成果，建立合法性对电信运营企业的可持续发展战略和绩效的影响模型，进行实证研究。本研究将实现以下几个目标：

（1）探讨企业面临的制度合法性。根据合法性的内涵及得到广泛认同的分类方式，主要是从规制合法性、规范合法性、认知合法性这三个方面进行分析，从电信运营业的实际出发，分析其影响企业可持续发展的机制。

（2）探讨制度合法性对企业可持续发展战略的影响。收集数据和资料，测量多家企业2004—2008年面临的来自制度合法性的压力，以及可持续发展战略及绩效，检验制度合法性对企业可持续发展战略及绩效的影响的显著性。

（3）基于前人的研究，结合电信运营业的实际特点，通过细致的分析，建立起对制度合法性、可持续发展在电信运营企业的测量标准和方法。从而为制度合法性及企业可持续发展战略在行业层面的实证研究做出方法上的贡献。

（4）结合企业实践案例分析，对比不同电信运营企业在合法性动因之下的行为异同，探讨制度合法性对企业可持续发展战略的影响机制。从而揭示具体情境和战略行动之间的联系，以便更好地检验合法性对电信运营企业可持续发展战略的解释力量。

## 1.3.2 研究方法

本研究主要采用实证主义研究方法，同时将理论演绎与实证方法相结合。首先，通过理论演绎得出制度合法性对企业可持续发展的影响关系的理论基础，构建了一个影响关系的概念模型，然后以中国移动31省公司为实证研究对象，选取这31省公司2004—2008年的相关数据作为样本数据，对概念模型进行统计分析，验证理论假设，形成研究结论。

为了更好地揭示制度合法性对企业战略行为及绩效的影响关系，本研究还站在组织场域的视角研究了制度合法性与电信企业可持续发展的制度演化，将中国移动、中国电信、中国联通（原）、中国网通（原）等几家运营商作为研究对象，选取其2004—2008年的相关数据作为样本数据，结合实例进行了探讨，从行业层面揭示了制度合法性对于电信企业可持续发展战略的影响机制。最后，基于理论和实证研究，为了促进电信运营企业提高可持续发展，进一步探讨了电信企业在实践方面如何构建可持续发展评估指标体系和可持续发展战略实施策略问题。

在本研究中使用的主要数据分析方法是二手数据分析和统计分析方法：

（1）二手数据分析。

本研究中对多个变量的测量都是采用了二手数据分析中的内容分析法。主要是采用定性形式的原始二手数据，然后通过分析、编码，把定性形式的二手数据转化为结构化的定量数据，在对自变量、中介变量、因变量的测量中均有使用。

内容分析的主要方法是通过对信息内容的分析和归类，找出其特征并将其数量化。内容分析是从现有的文献资料出发，对变量的分类和计分制定明确、全面且具有可操作性的定义和规则，在该定义和规则下，研究者按设计好的程序进行研究，不能因为研究人员的主观态度和偏好而影响分析研究的结论。因而内容分析法也是一种相对较为客观的研究方法，其在本质上是一种"编码"（coding）运作。

这种将定性数据转化为定量数据的方法，对于本研究而言具有十分重要的意义。虽然目前管理领域研究主要使用已经矩阵结构化的定量形式的二手数据，但这样的数据来源也有不利的方面，主要表现为现成的定量形式的二手数据往往不是为具体设计的研究定制的数据，所以数据可能缺乏针对性和实用性；同时，因为这种数据收集、变量识别和提取的过程涉及众多的工作人员，数据的一致性、准确性和可靠性可能会存在问题。

近年来，西方管理研究学者有不少使用定性数据转化成定量数据的方法进行研究的例子，在SMJ（Strategic Management Journal）上屡见不鲜。例如Nadkarni和Narayanan（2007）在SMJ发表的论文采取的技术路线是阅读上市公司年报中CEO致股东大会的信，通过阅读来识别和测量"战略谋划"这一反映CEO认知的变量。Nadkarni和Narayanan利用年报信息，通过识别因果关系陈述，构建了因果关系概念，对概念进行编码、分类，创建了因果关系图（a causal map）。然后，他们把这些编码后的概念和概念之间的联系看作点和线，然后利用社会网络分析中对点、线及集中度等指标处理技术创建并定量测度了"战略谋划"的复杂性和专注性两个具体维度。这样，他们就解决了对战略谋划的测度。

又如，在战略管理文献中，陈明哲（Ming-jer Chen）对竞争攻击与反应的研究也是采用通过内容分析把定性形式的二手数据转化为定量数据的方法完成的。陈明哲为了识别和编码"报复性反映"，在 *Aviation Daily*（《航空日报》）上搜索了如下关键词汇："in responding to""following""match""under the pressure of"和"reacting to"，通过倒推的方式追踪"初始行动"，然后确认攻击与报复反应的交互关系。

Nadkarni 和 Narayanan、陈明哲这些学者所做的研究，在方法上的共同特点是利用定性形式的二手数据，通过内容分析的方法或者叫结构性内容分析的方法（structured content analysis），识别、提取和编码所需要的变量信息。这种分析通常是通过识别关键词汇、主题、某种陈述或者故事描述，然后进行编码，转化成定量形式的数据。❶

利用这种数据方法的优点很突出：数据客观、样本量大、内容丰富。就客观性而言，研究者利用定性形式的二手数据识别关于做了什么、发生了什么、谁做的、在哪里发生、什么情况下等的信息，都是具有非常高的客观性。而如果通过访谈和问卷来获取这些过去的行动信息，其准确性和客观性极有可能会因为被访谈人和问卷填写人的个人因素（包括信息掌握的充分性、一时的疏漏、理性反思倾向等）而受到很大的影响。

由于笔者多年从事电信行业管理咨询，积累了较为丰富的电信行业背景知识。同时，帮助笔者进行基础性的二手资料的整理和编码工作的，还有其他同样从事了数年电信行业管理咨询并具有邮电院校教育背景的几位同事。

（2）统计分析方法。

包括多元回归分析、面板数据分析法及其他一些相关的统计分析方法。用于检验自变量与中介变量、中介变量与因变量之间的关系。

---

❶ 陈晓萍，徐淑英，樊景立. 2008. 组织与管理研究的实证方法[M]. 北京：北京大学出版社：184-194.

多元回归分析是从经典统计学中发展起来的一个分支，是一种综合分析方法，它能够在多个对象和多个指标互相关联的情况下分析它们的统计规律。其主要作用：确定因变量和自变量之间的关系是否存在，即用自变量所解释的因变量的变差部分是否显著；确定这种关系的强度，即因变量变差中的多大部分可以用自变量来解释；确定联系因变量和自变量的数学方程，即这种关系的结构或形式；预测，即给出自变量已知的情况下因变量的理论值或预测值；评价某个自变量对因变量的贡献，即将其他的自变量控制不变时，该自变量的变化所伴随发生的因变量的变化；寻找最重要的和比较重要的自变量，即比较各个自变量在拟合对因变量的回归方程中相对作用的大小。

面板数据分析方法是最近几十年来发展起来的新的统计方法。这种方法的特点是可以克服时间序列分析受多重共线性的困扰，能够提供更多的信息、更多的变化、更少的共线性、更多的自由度和更高的估计效率，从而可以构造和检验更为真实的方程模型。因此，显而易见，它比以往单独使用横截面数据或时间序列数据所得到的模型更深刻。更重要的是，对于像电信、电力等垄断性的行业，由于企业的数量少，且行业变革时有发生，获取企业层面较长时间跨度的数据非常困难。因此，采用面板数据进行实证研究，能够有更多的数据点，从而会带来较大的自由度；由于面板数据是对同一单位的多次观测，从而能够控制个人、企业等观测单位本身具有而又观测不到的特征。

# 1.4 研究意义

## 1.4.1 理论意义

本研究的理论意义体现在以下几个方面：

（1）将制度合法性与企业可持续发展及绩效结合起来的研究目前很少，并且没有针对中国的电信运营企业进行合法性对企业可持续发展战略及其绩效的影响研究。

目前，理论界关于企业组织的战略行为及其与环境因素的关系的理论和实证研究成果，都是基于西方成熟的市场经济环境背景进行的研究。那么，这些研究所得出的基本结论是否适用于解释其他制度背景或市场环境（比如特定的过渡经济或转型经济环境）下的企业战略行为，却很少有人加以验证。因而，本研究将制度合法性与企业可持续发展战略及绩效结合起来，针对中国国有企业色彩浓厚的电信运营业进行实证研究，所得出的结论更有意义，也将使得制度理论与可持续发展理论本身发挥出更大的解释力量。

（2）针对电信行业构建并验证了制度合法性对于企业可持续发展战略及绩效的关系模型。本研究深入探讨电信运营企业主要面临哪些合法性要求，并且探讨主要的合法性对企业可持续发展战略的影响机制，检验其对绩效的影响显著性。国外学者关于组织规模、财务表现，以及媒体关注、模仿等制度因素对企业可持续发展的影响关系还存在不一致的地方，正是这种不一致使得结合行业特点进行的实证研究愈发有着重要意义。本书的实证研究结果为今后针对中国电信行业进行制度合法性与企业可持续发展的关系的更深入研究提供了重要的参考。

（3）较为系统地梳理了制度合法性和企业可持续发展的相关理论，基于前人的研究界定了企业可持续发展战略的定义，以及结合电信行业实践对制度合法性的内涵进行深入分析，并提出了新的研究变量。其中，还对比了企业社会责任与企业可持续发展之间的差异，有助于提高人们对于二者的理论认识。

## 1.4.2 实践意义

本研究的实践意义体现在以下各方面：

（1）有助于电信业企业经营管理人员正确认识制度环境。由于企业在实际运营中不断面临要决策是否采取合乎常理，但似乎有损经营效率或效益的行为，所以，正确认识制度合法性对公司绩效的影响，就变得十分重要。尽管最近几年电信运营企业的可持续发展意识在不断提高，但是从实践中来看，企业对于环境和社会方面的可持续发展理念的认知还存在不一致，许多企业还是埋头于经济发展，对于环境、经济、社会三方面的均衡发展，对于可持续发展理念，重视程度还不够。那么，研究制度合法性对于企业可持续发展战略及绩效的影响，将能够指导企业进一步将可持续发展的理念融入企业发展实践之中，以适应制度环境的要求，有助于电信运营企业实现可持续发展。

（2）能够为电信业企业经营管理人员应对合法性提供有力的指导。对于合法性对组织的影响结果是更多地激发互动，还是更多地造成组织行为趋同，需要结合具体情境来分析。而本研究结合多家电信运营企业的可持续发展实践，通过细致分析合法性的关键因素，揭示合法性对中国电信运营企业的多方面影响，分析不同的大型电信企业集团之间在可持续发展战略选择上的异同，利用制度理论分析其背后的原因。显然，这将使得研究人员能够更好地理解特定情境下的制度合法性与企业战略行为之间的关系，也使得企业决策者更易于进行合法性管理决策。

（3）能够为电信运营企业提升可持续发展能力提供指导。本研究为了促进电信运营企业提升可持续发展能力，在实证研究测量企业可持续发展战略选择以及绩效的基础上，进一步延伸，探讨了如何搭建一个企业可持续发展评估指标体系。同时，还从制度合法性管理以及可持续发展的保障等方面提出了对电信运营企业制定和实施可持续发展战略的相关建议。

# 1.5 研究的技术路线

本书通过文献整理与阅读、实地调研和现实观察发现问题，从制度合法性理论和企业可持续发展理论出发，结合利益相关者理论提出制度合法性的维度分类的视角和标准，将制度合法性分为多个维度，并且细分了企业可持续发展战略选择与战略执行绩效的区别，定性讨论它们之间可能的内在联系和影响机理。并分别讨论制度合法性对企业可持续发展战略选择的影响机理，制度合法性对企业可持续发展绩效的影响机理，以及企业可持续发展战略选择对绩效的影响的中介作用。基于以上的理论分析提出变量之间关系的概念模型，并提出本研究中各个变量之间的理论假设。根据实证检验的需要和假设的内容，设计本研究的内容分析标准，进行内容分析，同时收集其他相关的二手数据，获得模型的各个变量的输入。并采用多元回归分析、面板数据分析法等方法，使用SPSS软件对数据进行处理、使用Eviews软件对数据进行分析，从而验证理论模型、探讨变量之间的关系和作用机理。出于希望获取行业层面制度合法性动因与企业可持续发展之间关系的更深入认识，本研究还以组织场域的视角分析了围绕企业可持续发展问题的组织场域同制度的共同演化，通过将几家电信运营企业集团公司企业可持续发展实践的异同进行对比，揭示了具体情境和战略行动之间的联系。全书的研究技术路线如图1-1所示：

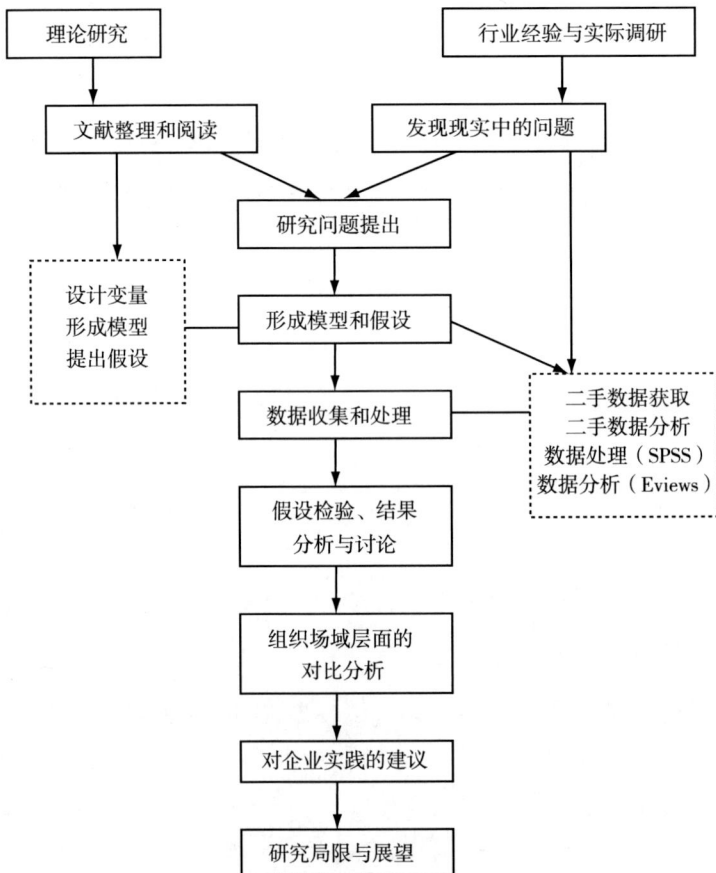

图1-1　研究的技术路线

# 1.6 结构及内容安排

在研究的结构和内容上，本书包括导论部分在内一共分为8章。

第1章为导论部分。本章内容主要以战略研究的出发点为思考切入点，基于对"制度因素必须纳入到揭示企业战略行为特质的理论视野中"这一战略研究理论界的普遍认识，结合在理论研究和实践两方面的背景，分析了制度合法性应该被纳入企业可持续发展战略的研究中。在本章中，本书也分析了研究的理论意义和实践意义，以及创新之处。

第2章为本书研究的理论基础。本书较为系统地梳理了制度合法性的概念、分类，以及合法性机制、合法性管理的相关研究成果。同时，本书对企业可持续发展理论进行了回顾，总结了企业可持续发展理论的演进、深化和拓展，提出了企业可持续发展战略的定义，对比了企业可持续发展与企业社会责任的异同。在此基础上，探讨了制度合法性与企业可持续发展之间实证研究的方法，总结了前人的研究成果，分析了目前研究中尚待挖掘和进一步深化的研究方向，从而为后续研究奠定了理论基础。

第3章是理论拓展与研究假说。在这一章中，笔者根据电信行业的特点，结合利益相关者理论从电信运营企业的角度定义了制度合法性的分类，并分析了制度合法性对于电信运营企业可持续发展战略的影响，提出了对于企业可持续发展战略选择和绩效应从环境完整、经济繁荣和社会公平这三个方面来进行测量。同时，笔者也分析了其他可能影响企业可持续发展的重要因素。从而构建起制度合法性对于企业可持续发展战略及绩效的影响关系的概念模型，并且结合电信行业特点以及前人的研究成果提出研究假说。

第4章是以中国移动集团公司的31省公司为研究对象的实证研究。在这一章中，笔者详细阐述了各个变量的测量方法，交代了本书进行量化实证分析的数据来源和获取数据的基本过程。其中内容分析法的应用十分关键。笔者在详细分析各个制度合法性动因的基础上，提出了各个动因的衡量标准，形成了对二手资料编码的依据，并严格控制编码的过程，保证编码质量。

第5章是对实证研究结果的分析和讨论。笔者在这一章中阐述了模型的检验结果，并对结果进行了讨论。本书发现，在外部制度合法性动因中，行业监管约束、客户要求、产业上下游要求，以及社会公众和媒体要求对企业可持续发展战略绩效有着显著影响，且验证了企业可持续发展战略选择的中介作用。同时，笔者讨论了实证研究的结论，分析解释了个别假设未得到实证研究支持的原因。

第6章是从电信行业层面来看制度合法性与各运营商的可持续发展战略。笔者根据组织场域的相关理论，分析了围绕企业可持续发展这一中心主题的组织场域的发展变化，揭示出企业战略与制度环境互动、共同演化的过程。同时，将各运营企业集团公司的可持续发展战略选择与执行行为进行了对比分析，并结合数据，通过对各运营企业集团公司的实例分析验证了企业可持续发展行为的趋同性。

第7章是对电信运营企业制定和实施可持续发展战略的建议。在这一章里，笔者首先是基于对制度合法性与企业可持续发展战略的关系的认识，提出了制定可持续发展评估指标体系的步骤与方法。然后，笔者从制度合法性的管理、构建可持续发展的机制保障以及人才价值工程等方面，对电信运营企业提出了建议。

第8章是本书的结论和展望部分。这是本书的最后一章，交代了本书通过综合研究得出的基本结论，同时对一些研究不够完善的地方进行了评述，还对可能的后续研究进行了展望。

## 1.7 创新之处

第一，结合电信行业实践，对制度合法性提出了更多的研究变量。

本研究对外部的制度合法性进行了细致深入的分析，将合法性从规制、规范和认知三方面细分为了5个方面的变量进行测量，这在国内外的研究中是很少见的。此前，学者们对于制度因素的细化并不深入，尤其是没有结合企业的利益相关方进行细化研究。

第二，提出了制度合法性影响企业可持续发展绩效的中介变量。

在以往的研究中，通常是直接将制度因素作为解释变量与企业可持续发展这一被解释变量进行相关性研究，而未考虑到企业管理决策者认知的这一环节，即未考虑企业管理决策者在意识到制度要求之后做出选择。本书通过数据验证了这种选择行为是一个中介变量。

第三，针对电信行业提出了企业可持续发展的测量标准和方法。

针对电信行业提出企业可持续发展战略选择及企业可持续发展的经济绩效、环境绩效和社会绩效的测量标准和方法，从而丰富了制度合法性及企业可持续发展战略在行业层面的研究成果。并且基于这些测量标准，进一步探讨了如何搭建电信运营企业可持续发展的评估指标体系，帮助企业更科学地评估可持续发展的能力和水平。

第四，围绕企业可持续发展这一问题对电信行业的组织场域与制度演化进行了分析。

本书通过数据分析验证了国外学者（Hoffman，1999）关于组织场域研究的重要观点。以中国电信业的数据为基础判断了场域相关者演变与制度演变的一致性。同时，将几家电信运营企业的制度合法性和企业可持续发展的数据进行对比，验证了为追求制度合法性电信运营企业在可持续发展战略上的趋同性，并结合电信行业实际特点深入分析了企业可持续发展实践背后的制度动因。

第五，实现西方战略理论前沿发展与国内本土战略实践的有机结合。

本研究所采用的基本理论工具如制度合法性、组织场域等均为国外近年来在战略管理研究领域方兴未艾的新的研究思想，本研究力求将这些新的理论与本土战略实践有机结合，利用本土的行业数据在一个更高的理论层面上对国内企业战略管理的宝贵实践经验进行提炼和提升。

# 第2章 制度合法性与企业可持续发展相关理论概述

## 2.1 制度合法性的理论研究

### 2.1.1 制度理论:战略三角的第三条腿

显然,到目前为止,战略领域研究的主要理论基础还是产业理论和资源基础理论。长期以来,对环境影响的考量主要是关注经济变量,例如市场需求和技术变化。至于正式的制度(如法律和规制)和非正式(如规范和认知)的制度则被假定为背景条件。很大程度上,作为"游戏规则"的正式、非正式的制度对战略决策的影响被忽视了。但是,近年来,越来越多的学者开始探讨制度、组织和战略决策之间的关系,例如 Oliver C、M. W. Peng、M. C. Suchman 等。制度理论将制度作为自变量,关注制度和组织之间的互动关系,把企业的战略选择和绩效看成这种互动的结果(Peng,2002)。学者们认为,企业的战略选择和绩效不仅由产业条件和企业能力所驱动,还反映了企业管理者们面临的、由正式和非正式约束所形成的特定制度框架(Khanna 和 Palepu,2000;Lee,Peng 和 Barney,2005)。这种研究的范式,即是"制度—战略—绩效"的研究范式。

随着新兴经济体的研究在近年来蓬勃发展,制度理论已经成为战略研究的前沿,成为战略"三角"的第三个支柱(Peng,2005)。因为,制度理论相对产业理论和资源基础理论,更加重视和强调制度同组织之间的关系(Boisot 和

Child，1996；Peng 和 Health，1996），而且新兴经济体和发达经济体在制度框架上的确有着巨大的差异。

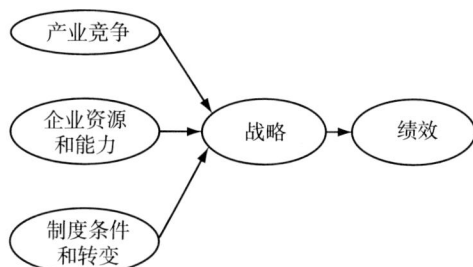

**图2-1　制度基础理论：战略三角的第三条腿**

资料来源：PENG M W. 2006. Global strategy [M]. Cincinnati：Thomson South-Western：115.

制度合法性，是新制度主义在组织研究领域的重要成果。早期的制度研究存在着共同的缺陷，即它们或者关注广泛的制度结构，例如政治系统、语言和法律系统等，或者关注公共意义和规范框架的出现，但几乎没有学者研究作为一度化形成的组织本身（郭毅，2007）。自20世纪40年代起，组织开始受到制度学家的关注，并且逐渐成为制度领域的研究重点。

1977年，Meyer 等提出了一个命题：为什么不同的组织会有类似的内部制度和机构？（例如，他们发现，虽然教育管理在美国由各州自主负责，但各州的教育体制却非常相似，表现出明显的制度趋同特点）根据权变理论，在不同的技术条件下，组织应该选择不同的结构来适应环境，获取最大的效率。权变理论解释了组织结构的演进，却无法解释组织结构趋同这一现象。这种同构化（isomorphism）是怎样发生的呢？有什么样的机制在发挥作用？Meyer 等指出，必须将制度引入分析，制度环境与技术环境对组织的要求不同；在关注环境时不能只考虑技术环境，还必须考虑到组织所处的制度环境，即组织只有让自身的形式、结构、内容和活动符合所处环境中的法律、规范和惯例，才能获得存在的机会与存在的意义。按照 Meyer 等的解释，其背后的原因就是，普通人的这种判断能力来自他们对制度环境的遵从，即这是合法性机制作用的结果。"合法性"这个概念最早是由 Parsons 提出的，但成为

Meyer等组织社会学领域新制度学派学者用来解释组织制度结构趋同的核心思想。

## 2.1.2 合法性的概念和分类

早期的管理学者把组织看作"合理系统"（rational systems），是被设计用来将物质投入高效地转化为物质产出的社会机器（Scott，1987）。同时，学者们经常把组织描述为与周围环境有着清晰界限的、被严格界定的主体。但20世纪60年代晚期以来，这种观点被颠覆。"开放系统"（open system）（Scott，1987）认为组织边界是可渗透、问题式的。制度理论强调组织的动力许多都不是由技术或物质压力产生的，而是来自文化规范、信条、信仰和仪式等（Powell和DiMaggio，1991）。这种精神塑造的核心在于组织合法性的概念。从 Weber（1978）和Parsons（1960）的奠基性研究中，研究者们把合法性作为一个理论体系的支撑点，强调规范和认知对组织的制约、建构和强化。❶

在社会学领域，合法性是一个与社会的权威、政治制度相关的一个问题。美国新制度经济学家诺斯认为："制度是一个社会的游戏规则，更规范地说，它们是为决定人们的相互关系而人为设定的一些契约。"而且这些规则是由人设计的，"制度是人类设计的、构造的政治、经济和社会相互关系的一系列约束。制度是由非正式约束（道德约束、禁忌、习惯、传统和行为准则）和正式的法规（宪法、法令、产权）组成"。这些规则对人具有约束力，"制度是一系列被制定出来的规则、守法秩序和行为道德、伦理规范，它旨在约束主体福利或效用最大化利益的个人行为"。

尽管学者们的研究很聚焦，但关于组织合法性的文献在概念方面却很薄弱。许多研究者运用"合法性"这个词，却很少加以定义。而且大部分都是只涉及现象的某一方面、很少注意到把可选择的多个视角进行体系化，或者提出一个词来描述各种发散的方法。为此，Suchman 在1995年的一篇经典文献中，

---

❶ SUCHMAN M C. 1995. Managing legitimacy: strategic and institutional approaches[J]. Academy of Management Review, 20（3）: 571-610.

对合法性概念进行了界定。Suchman 指出：合法性就是在某个由信念、信仰、准则和概念等要素社会性建构而成的系统中，一个关于某一群体的行为是合理的、正当的或适当的总的观念和假设。

如何解构合法性的内涵呢？比较有影响力的几种观点包括：

（1）Parson（1960）从文化制度观的角度把合法性的范围从组织中的权威系统扩展为与权威系统相关的要素，把组织合法性分解为三个层次：制度层次合法性、管理或治理层次合法性、技术或产品层次合法性；这三个层次松散地联系在一起。

（2）Suchman（1995）认为合法性有三种主要形式：实用合法性（pragmatic Legitimacy），建立在组织直接接触的对象（audience）的自利计算之上；道德合法性（moral Legitimacy），建立在对组织规范的接受（normative approval）基础上；认知合法性（cognitive Legitimacy）则是建立在对组织存在与行为的必然（comprehensibility）与理所当然（taken-for-granted）的感知基础上。

（3）从被认可的角度，Scott（1995）把合法性分为规制合法性（regulative legitimacy）、规范合法性（normative legitimacy）和认知合法性（cognitive legitimacy）。基于Scott的观点，Ruef和Scott（1998）认为从规范合法性的角度可以把合法性分为管理合法性和技术合法性，而制度合法性目标可以融入这两个合法性之中讨论。

（4）其他一些观点。Howard E.（1999）把新生组织的合法性分为认知性合法性（cognitive legitimacy）和社会政治性合法性（socio-political legitimacy），所谓认知性合法性是指新生组织被当作环境中的正常产物而在主观上被接受，社会政治性合法性是指新生组织被重要的风险投资家、一般公众、重要的意见领袖和政府所认可，其中社会政治合法性包含规范合法性和规制合法性。而我国学者赵孟营（2005）则把组织的合法性分为内部合法性和外部合法性，认为组织合法性是权威结构的被承认、支持和服从，而"承认、支持和服从"来自两个显然不同的领域：一个是组织内的成员对组织权威结构的承认、支持和服从，另一个是组织外的社会成员对组织权威结构的承认、支持和服从。Dacin、Oliver和Roy（2007）则把合法性分为市场合法性（market legitimacy）、投资合法性（investment legitimacy）、关系合法性（relational legitima-cy）、社会合法性（social legitimacy）和联盟合法性（alliance legitimacy）。

国外学者从文化认知的角度来理解和分析组织合法性，我国学者赵孟营则是从组织的环境角度来进行分类。学者们对合法性的不同分类都体现了制度环境与组织的各个层面包括组织间、组织内部各个层面以及组织个体之间的相互作用。总的来说，我们可以这样看待组织合法性：组织是一个开放系统，受到技术环境和制度环境的影响，制度环境要求组织的行为、结构等必须符合法律规定，得到相关利益者的认可，否则就有可能导致组织失败。

在这些观点中，Scott 将合法性分为规制合法性、规范合法性和认知合法性的分类方法，所获得的认同最为广泛，被研究制度合法性的学者普遍采用。从规制、规范和认知三个层面来看制度合法性，Scott 对此的具体内涵解释：

（1）规制合法性。规制合法性的来源是诸如政府、专业机构、行业协会等部门所制定的规章制度，是因为这些部门和机构拥有对企业的制裁权（包括行政管理权）。如果企业的行为完全符合这些部门和机构所制定的规章制度，那么在其外部利益相关者的眼里，企业也就具备了规制合法性。

（2）规范合法性。规范合法性与道德合法性的内涵基本一样，它的来源是社会价值观和道德规范。规制合法性与规范合法性不同，前者是"要正确地做事"，后者则是"做正确的事"。但是，企业并不能通过一厢情愿地宣称自己符合社会价值观和道德规范，就能获得规范合法性。规范合法性是必须由社会公众等相关者根据共同的价值观和道德规范来判断的（Nauta，1988）。

（3）认知合法性。认知合法性来源于对于特定事物或者活动的认知的扩散。当一项活动被人们所熟悉的时候，该活动就具备了认知合法性。认知合法性与规范合法性，有的时候比较难以区分。二者的区别在于：认知合法性侧重于"被人们所理解和接受"，而规范合法性强调要符合共同的价值观和道德规范。例如，有些活动虽然不符合人们的道德标准（也就是说这些活动不具备规范合法性），但却有可能是人们所熟悉和了解的（也就是说这些活动具备认知合法性）。

## 2.1.3 合法性机制的概念和分类

Meyer 等（Meyer，1977；Meyer 和 Rowan，1977；Meyer 等，1978；Meyer 和 Scott，1983；Meyer 等，1988）运用合法性机制来解释组织同构这一现象。他们认为，制度环境对组织的影响主要体现在两个方面，一是组织之间的趋同现象，即为了与制度环境保持一致、得到认同，各个组织都采用了类似的结构。因为组织所处的大环境是一样的，所以它们对于组织结构的做法都非常相似。二是组织之间的相互模仿学习，这些模仿行为也减轻了组织的动荡，因为它追随制度环境中的准则，得到了合法性，不容易受到环境的冲击。因此，即使这些组织效率不高，它们也可能生存下去。合法性本身能够提高组织的生存能力。这种观点很好地解释了科层制成为一种普遍现象。

周雪光（2003）认为，"合法性机制是诱使组织或迫使组织采纳在外部环境中具有合法性的组织结构或做法这样一种制度力量"。该机制有强意义和弱意义之分。强意义的合法性，指的是组织的行为、组织形式完全被制度所塑造，组织或个人没有自主选择性。而弱意义的合法性，则是指制度通过影响资源分配方式或者激励方式来影响人们的行为，鼓励人们去采纳那些社会上认可的做法。

DiMaggio（1983）等认为，有 3 个机制导致公司表现出相似的结构和行为，即：①强迫性机制（coercive）。强迫性机制描述了外部的制度环境对组织行为的强制影响，如组织为避免惩罚必须遵守政府制定的法律、法令。②模仿机制（mimic）。模仿性机制描述了组织为了回避不确定性并获得外部的支持而模仿其他组织的行为。③社会规范机制（normative）。规范性机制描述了来自组织内部的员工社会职业认同对自己的行为进行规范，从而导致对企业行为的规范作用。在考察这些机制时，DiMaggio 等强调了机制发生的功利性基础，即组织对这些机制的选择要符合自身利益，有助于提升组织的生存能力。换言之，这是组织基于自身利益基础的有意识的选择。与 Meyer（1977）等的观点相比较，DiMaggio（1983）等更注重组织和组织之间的网络关系，以及组织之间的相互依赖性甚至组织内部的运行机制，并通过采用组织场域（organizational field）等分析单位，使其组织研究更具可操作性。合法性机制有助于解释为什么同一制度背景条件下的企业采取了同样的战略行为，为什么不同制度背景条件下的企业的战略选择存在明显差异。

学者们认为，在组织不同的阶段，效率机制同合法性机制所发挥的作用是不同的。在组织的成长期，效率机制会是主要的；而在成熟期，制度的同构力量则能够发挥出更大作用。

## 2.1.4 合法性的功用

组织基于多种原因寻求合法性。可以从两个方面来分析组织追求合法性的原因：

（1）寻求一致性（continuity）与可信性（credibility）。合法性提高了组织行为的稳定性和可知性。一方面，合法性能够为企业带来一致性。因为人们最乐于给那些值得、正确的或恰当的组织提供资源，所以合法性带来一致性（Parsons，1960）。同时，合法性不仅影响人们对组织的行为，而且影响人们如何看待组织。人们认为合法性的组织不仅更有价值，而且更有意义、更易预测、更值得信赖。所以，合法性带来可信性。

（2）寻求支持（包括主动支持与被动支持）。企业追求合法性，还为了寻求支持。而合法性的门槛高低，要区分组织是寻求主动支持还是仅仅寻求被动支持。如果组织仅仅希望受众消极地支持，那么合法性的门槛很低；通常，组织仅仅需要与一些毫无疑问的社会行为相一致即可。而如果组织寻求受众参与（例如，反对与自己有竞争关系的一方），那么合法性的要求可能较苛刻。

## 2.1.5 合法性管理

### 2.1.5.1 合法性研究的两大阵营

对组织合法性的研究日益分为两大阵营——战略观和制度观，二者有着不同的目标（Elsbach，1994）。战略合法性研究（Dowling 和 Pfeffer，1975；

Pfeffer，1981； Pfeffer 和 Salancik，1997；Ashforth 和 Gibbs，1990），将组织合法性视为一种运营资源（Suchman，1988），认为组织往往是通过竞争方式从文化环境中抽离（extract）出这种资源，并将其用于实现组织的目标（Ashforth 和 Gibbs，1990； Dowling 和 Pfeffer，1975）。通常认为，组织的合法化过程可以通过有效的管理控制来达到预先设定的目标。战略合法性研究为了符合这种实用观点，通常设想对合法性过程的高度经营控制。

制度观与战略观不同，与战略视角的研究相反，制度视角研究者（DiMaggio 和 Powell，1983，1991； Meyer 和 Rowan，1991； Meyer 和 Scott，1983；Zucker，1987）将合法性刻画为一套结构化的信仰（Suchman，1988），认为组织的首要目标应该是使自己看起来合乎常理并有意义，而获得其他资源则是追求这一目标的过程所产生的副产品。组织不是简单把合法性从环境中抽离，而是外部制度在各个方面建构、渗透组织。组织追求合法性的目的在于适应外部制度化环境的要求。持制度观的学者并不关心管理者与外部利益相关者之间的冲突，认为文化阐释决定组织如何构建、运转，同时决定组织如何被理解和如何被评价，因此合法性和制度化（institutionalization）是同义的。制度视角研究者不重视管理机构和股东的冲突，因而，他们不去检验具体组织的战略合法化努力，而是倾向于强调组织的共同结构（collective structuration），尤其关注如卫生保健、教育、出版、核电等行业（DiMaggio 和 Powell，1983）。

战略观与制度观这两种研究组织合法性的视角，其区别主要在于：前者是站在组织管理者的角度"往外看"，而后者则是站在整个社会的角度"朝里看"（Suchman，1995）。战略观合法性研究对于组织如何有效管理合法性（如获得、保持和修复合法性）的问题上表现得比较积极主动。而制度观合法性研究视角，可以有力解释企业有时候会不顾及效率、采取一些被社会认为很重要的姿态和行为。

### 2.1.5.2 合法性战略

战略观和制度观这两种研究组织合法性的视角各有指导意义。因为真实世界的组织既面临战略运营的挑战，也面临制度同构的要求，所以将这两种研究统一起来十分重要，既要把合法性视为可操作的资源，又使其符合信仰体系（Swidler，1986）。Suchman（1995）采用介于战略导向和制度导向的中间路线，提出了三种普遍的合法性实践——获得合法性、保持合法性和修正合法性，并提供了对实用、道德、认知三个层次合法性的战略选择见表2-1：

表2-1　合法性战略概括

| 维度 | 获取合法性 | 保持合法性 | 修复合法性 |
|---|---|---|---|
| 总体 | 顺从环境<br>选择环境<br>操纵环境 | 预测变化<br>保护已有成就<br>　—维持运营<br>　—巧妙沟通<br>　—积累合法性 | 规范化<br>重组<br>避免恐慌 |
| 实用合法性 | 顺从要求<br>　—响应需求<br>　—新增选民<br>　—建立声誉<br>选择市场<br>　—本地友好对象<br>　—招募友好选民<br>宣传<br>　—宣传产品<br>　—宣传印象 | 监督偏好<br>　—咨询意见领袖<br>保护交易<br>　—维持可信性<br>　—诚实沟通<br>　—积累信任 | 拒绝<br>建立监督 |
| 道德合法性 | 顺从典范<br>　—提供恰当结果<br>　—植入制度<br>　—提供符号展示<br>选择领域<br>　—定义目标<br>劝告<br>　—展现成功<br>　—加入其他派别 | 监督伦理<br>　—咨询专业人士<br>保护产权<br>　—维持责任<br>　—权威沟通<br>　—积累尊重 | 辩解/证明<br>分离<br>　—更换人员<br>　—修改实践<br>　—改造 |

续表

| 维度 | 获取合法性 | 保持合法性 | 修复合法性 |
|------|-----------|-----------|-----------|
| 认知合法性 | 顺从样本<br>　—模仿标准<br>　—使运营正规化<br>　—使运营专业化<br>选择标签<br>　—寻求注册<br>制度化<br>　—坚持<br>　—宣扬新的样本<br>　—标准化新的样本 | 监督外部观点<br>　—咨询质疑者<br>保护假设<br>　—维持简化<br>　—讲明事实<br>　—积累相互联系 | 解释 |

资料来源：SUCHMAN M C. 1995. Managing legitimacy：strategic and institutional approaches. Academy of Management Review，20（3）：571-610.

### 1. 合法性获取战略的三种形式

（1）适应环境。寻求合法性的管理者们常发现，将组织置于已存在的制度体系中是最简单易行的。这种适应通过单个组织的单独行动就能获得，只需实施已存在的结构而已，即遵守现成的制度文化秩序，不挑战已建立的制度逻辑（Meyer，1991）。通过服从而不是改变其所处的社会结构，企业就能够获得相应的规制、规范和认知合法性（Meyer 和 Rowan，1991）。

是否改变因循守旧的本质，要取决于组织是否追求基本的实用、道德或认知合法性。

组织通过适应环境获取实用合法性，要么满足不同受众的实质需要，要么提供决策参与途径，要么上述两点都达到。重要的是，组织获得实用合法性不是单纯取决于素质外溢（dispositional spillover）。这些素质外溢可以通过证明人（character references）得到强化，而证明人愿意为其内在可靠性提供担保（Bernstein，1992；Suchman，1993）。

组织通过符合实用需要获得实用合法性，通过符合利它的理想实现道德合法性，通过与已建立的模式或标准保持一致来获得认知合法性，那么，基于这种认识，制度主义者指出，处在不确定环境中的组织通常通过模仿该领域中最突出、最安全的组织来寻求理解和支持。

（2）选择环境。有的时候，管理者不想为了获得合法性而一味地约束自己的行为来适应环境。那么，管理者就可能采取另一种战略，即最简单的方法就是选择环境。这将使得企业无须改变很多就能确保组织合法性。每家企业都面对复杂的外部环境，例如，处在不同行业、不同区域；复杂的大环境又可以从文化和制度方面的存在差异来细分，细分为若干小环境。因此，即便是企业的各种行为并不一定能够被整体大环境理所当然地视为"合法"，但却可能在某些细分的小环境中符合合法性要求（Friedland 和 Alford，1991）。采取选择战略的话，企业就是要选择对自己最为友善的细分环境，从而获得合法性，而不是像采取适应环境战略的企业那样为了适应外部环境、获得合法性而改变自己的行为。

（3）控制环境。也有些企业的管理者认为，与其通过被动地适应环境来获得制度合法性，还不如通过改变环境来主动争取制度合法性。而能够实现这种目的的战略就是控制环境。这种战略要求企业适当通过行为去改变其所处的细分环境，来实现组织与环境的匹配。Suchman（1995）认为："控制包括为建立组织所需的支撑基础而进行的事先干预。"在这种情况下，企业不仅适应和选择环境，而且还要对社会现实做出新的解释。企业通常很少采取这种控制环境的战略，因为这种战略实施难度大，而且也不容易被理解。不过，一旦这种战略获得成功，企业的收获就会远远超过前两种战略，无论是所能够获得的资源数量，还是适应外部环境的程度。

2. 保持合法性的战略的两种形式

（1）感知变化。保持合法性战略首先要加强组织在认识受众反应和预知挑战方面的能力。总之，感知战略包括监控文化环境，以及吸收影响组织决定过程的因素。感知战略的实现，通常是通过雇用职员作为沟通桥梁，来了解受众的价值、信仰和反应。

为感知出现的实用需求，组织必须监控受众的多种兴趣，可以选择受众加入组织决策——不是为了让成员放心，而是给管理者们提供文化洞察的途径。为感知出现的道德信仰，组织必须纳入（incorporate）多种道德规范，最终寻求职业化（professionalization），为此要特许某些组织成员参加外部的规范化讨论。最后，为感知出现的认知理解，组织必须探索多种前景，最终建立具体的组织结构以释疑。

（2）保护成果。组织能够通过将暂时的合法性转变为持续的合法性来加强组织的安全性。这一任务主要是：（a）监管内部运营、防止失误；（b）减少显而易见的合法性努力，以利于采取更细致的方法；（c）为支持信仰、态度和价值而发展防御能力。

在实用层次，交换应该是一致的、可预测的，不仅符合成员的要求，而且减少了不确定性，培养了成员控制合法性的感觉。在道德层次，活动应该是负责的，不仅避免了错误，而且单纯的实用或结果是不受重视的。在认知层次，价值应该是简单的，甚至是平凡的，不仅解释了组织行为，而且使组织行为自然而必然。

进一步而言，在所有行动中，管理者们应该仔细估计新合法性动机的直接利益。组织可以不断积累愿望和支持。一般而言，这种积累是人员素质的提高，反映了实用归因（例如信任）或道德归因（例如尊重）。

3. 修正合法性的战略

修正合法性在很多方面和获取合法性相似。与合法性创造不同的是，合法性修正通常代表一种对未预见危机的反应。呈现的合法性危机除了削弱机动管理能力之外，还可能将管理者们和以前可依靠的外部盟友分离。事实上，合法性危机逐渐成为自我强化反馈的途径。

组织必须在受众对过去行动的评估和对正在进行的行动的评估之间建构一种"防火墙"。Suchman（1995）对此有三种主要描述：（a）提供规范化的说明；（b）重组；（c）不要恐慌。

## 2.1.5.3 合法性之间的关系

Suchman（1995）认为实用合法性、道德合法性和认知合法性在现实世界是并存的。虽然这些合法性没有构成严格的层级，但是它们揭示了两个重要的区别。第一，实用合法性基于受众的自身利益，而道德合法性和认知合法性却并非如此。第二，实用合法性和道德合法性基于无层次评价，认知合法性却与之不同。

总而言之，从实用到道德再到认知是一个越来越难获取和操作的过程，但一旦建立，也是越来越难捉摸、更深奥、更需要自我支持的。当社会制度或是结合较差时，或是处于历史转变期时，实用、道德、认知之间的冲突最可能产生。较坚固的制度常整合多种合法性，使之结盟。

Suchman（1995）对于实用合法性、道德合法性和认知合法性三种合法性之间的关系论述，有些观点实际上也适用于其他的合法性分类。例如，规制合法性、规范合法性与认知合法性也是并存的。

## 2.1.6 制度合法性研究的深化和拓展

这方面主要表现为四点：

第一，有的学者将制度理论与资源基础观结合起来进行研究。例如，Pamela S. Tolbert（1985）将制度环境和资源依赖两个视角结合起来解释公立和私立高等教育机构的管理结构。资源依赖使得教育机构保持对外部非传统支持资源的稳定需求、导致管理差异，而制度环境使得组织采取被任何合适、没有问题的结构。分析的结论指出，依赖非传统资源的支持是一个强大的管理区别的指标，它证明了这两个理论观点一体化的效度。Oliver（1997）将制度理论和资源基础观结合起来研究企业可持续竞争优势的来源。Oliver 讨论了一个企业可持续竞争力依赖它管理资源决策的制度情境的能力，提出了结合资源基础观和组织制度理论的一个企业异质性模型，认为资源资本和制度资本对于可持续竞争力都是不可缺少的。如图 2-2 所示：

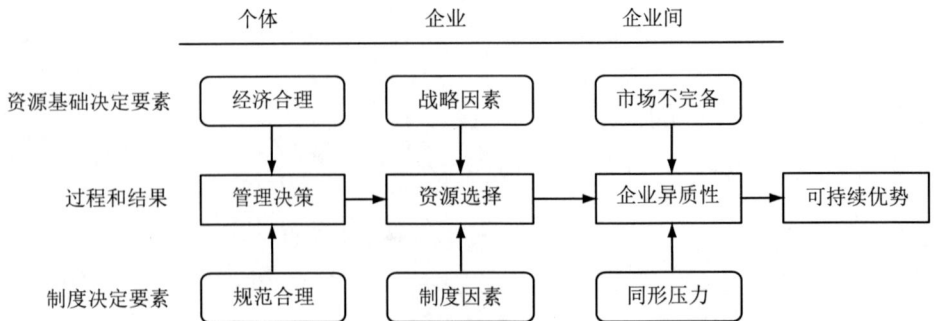

图 2-2  Oliver：可持续优势形成过程的决定因素

第二，合法性机制和效率机制在解释组织趋同问题上开始融合。Tolbert 和 Zucker（1983）根据公务员制度采纳的动态过程来分析，将理性选择机制和合法性机制纳入同一分析框架中。他们指出，在不同的阶段会出现机制的转化，公务员制度前期被采纳的原因是理性选择，由于这项制度被广为接受、成为社会事实，因而成为一种重要的制度力量，迫使其他组织采纳接受。Haunschild 和 Minner（1997）的研究则提出模仿不一定都是合法性机制导致的，有些模仿与企业竞争相关，这是从理性选择的效率机制角度来考虑的。Daphne Yiu 和 Shige Makino（2002）研究外资进入模型时把制度理论和交易成本理论结合起来，认为在选择采用合资公司还是全资子公司时制度因素和交易成本因素都会影响决策。

第三，研究角度更加强调思考组织作为参与者对制度环境的影响，也就是战略视角的制度合法性研究日益繁荣。90年代后期正是制度合法性研究全面涉足战略管理领域并取得丰硕成果的阶段。战略管理学者运用制度理论重新审视战略管理领域的一些经典问题，例如战略联盟、跨国公司，还有创业问题。Lounsbury 和 Glynn（2001）运用合法性理论，从创业者个体层面探讨了文化创业问题（cultural entrepreneurship）。Tornikoski 和 Newbert（2007）通过实证研究从组织层面考察了创业过程所涉及的合法性问题。Dacin、Oliver 和 Roy（2007）研究了战略联盟的合法性功能和它对公司绩效的影响，如图 2-3 所示。在 Dacin、Oliver 和 Roy 的研究中，认为战略联盟对企业具有重要作用，这种作用为战略联盟和合作伙伴选择参数所调节，对公司和联盟绩效有显著影响。

第四，其他学科如博弈论和演化经济学的发展使得各个学科之间的发展呈现相互传承、相互发展的态势，如 Hodgson 和 Knudsen（2004）基于 Nelson 和 Winter（1982）等人对演化经济的研究，提出把习俗和惯例这些制度要素看作复制器（replicator），把企业看作参与者（inter-actor），组织领域演化存在一个自然的"适者生存"的选择过程。❶

---

❶ 湛正群，李非. 2006. 组织制度理论：研究的问题、观点与进展[J]. 现代管理科学. (4)：14-16.

| 合法性需求动因 | 合法性需求 | 联盟偏好 | 绩效 |

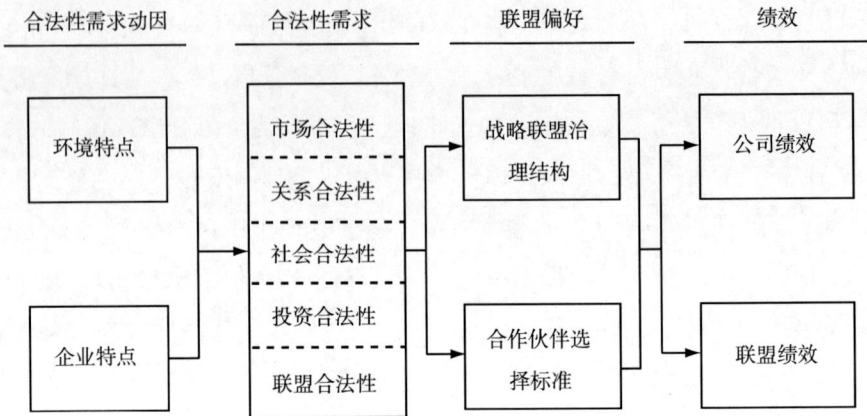

图2-3　战略联盟的合法性功能和它对公司绩效的影响

## 2.2　企业可持续发展的理论研究

### 2.2.1　企业可持续发展理论的演进

1987年联合国"世界环境与发展委员会"（World Commission on Economic Development，WCED）公布《我们共同的未来》报告书（通常也被称为 *Brundtland Report*），提出"可持续发展"（sustainable development）一词，引起广泛关注。根据WCED，可持续发展是指既满足现代人的需求也不损害后代人满足需求。同可持续发展理论一样，企业可持续发展的理论和战略也随社会、环境变化而不断演进。

企业可持续发展概念在多维度得到延伸：

① 纵向扩展：由一个时间点的增长延伸为长期的、可持续的发展。

② 横向扩展：由单一的经济增长延伸为经济、社会、环境的协调一致增长。

可持续发展理论及企业可持续发展理论核心内涵的演进如表 2-2 所示：

表2-2  可持续发展理论以及企业可持续发展理论的演进

|  | 20世纪80年代 | 20世纪90年代 | 2000年以来 |
|---|---|---|---|
| 背景 | ● 70年代开始的"环境危机""石油危机"逐渐引起对环境问题的重视<br>● 经济全球化，大型跨国公司发展迅速，对政治、经济影响增大。企业的社会人属性增强 | ● 环境问题提到国家战略高度<br>● 各行业竞争加剧，全球经济一体化加强。企业的成功不再是短暂的产品战略的结果，而来自企业外部利益相关者的要求迫使越来越多企业考虑与环境、社会的长期友好相处，可持续发展概念在企业中进一步深化 | ● 气候变化威胁人类、自然界生存<br>● 激烈的商业竞争，更多样化的客户需求，全球化信息网络和知识经济崛起，企业对社会和相关利益者的依赖进一步加强 |
| 可持续发展理论的演变 | ● 1980年首次被提出<br>● 1987年联合国世界环境与发展委员会在《我们共同的未来》中明确"可持续发展是既满足当代人需求，又不对后代人满足其需要的能力构成危害的发展"<br>● 可持续发展集中关注环境方面。企业发展开始从经济因素为本，加入对环境的考虑 | ● 1991年《生存战略》提出可持续发展最终落脚点是人类社会<br>● 1992年《里约宣言》和《21世纪议程》宣告"促进可持续发展是我们的责任"，各国达成共识<br>● 可持续发展逐渐在环境之外强化了社会方面的元素 | ● 可持续发展成为中国"三个代表"和科学发展观的核心。"三个代表"提出可持续发展的核心问题是实现经济社会和人口、资源、环境协调发展。科学发展观进一步深化了可持续发展思想<br>● 明确可持续发展是环境、社会、经济的协调发展 |
| 企业可持续发展理论核心内涵的演变 | ● 企业的环境责任和社会责任初次被提出<br>● 企业的发展仍主要是以自身为主体的经济发展 | ● 随竞争加剧和资源限制，企业更多地关注长期发展和环境影响<br>● 由短期发展至可持续发展，逐步加入利益相关者和社会因素 | ● 企业对环境的影响和对社会贡献，成为企业战略的重要组成部分<br>● 企业可持续发展定义为经济、社会、环境和谐一致的发展 |

## 2.2.2 企业可持续发展理论研究的深化和拓展

Strike V.、Gao J. 和 Bansal P.（2006）以美国企业为例验证了企业会同时有着对社会负责和不负责的行为。这也表明了，由于面对多样化、复杂的制度要求，企业的可持续发展战略可以是包容多样的，甚至是有着矛盾的准则。

也有不少学者从可持续发展战略执行的纵深角度，总结企业可持续发展应有不同的阶段。例如，Willard（2007）认为企业可持续发展分为五个阶段。在第一、第二阶段中，企业从忽视法规到遵守法规，但企业不能履行所承诺的社会责任。从第三阶段开始，企业能够认识到企业可持续发展带来的经济效益；而在第四阶段，企业可以把可持续发展融入关键的商业战略中，因此，在第五阶段企业能够把可持续发展作为己任。这五个不同的阶段连续组成为一个整体。企业可持续发展是一个渐进过程，其内容在不断丰富，并且驱动因素是逐渐地由企业外部转换为企业内部，即驱动企业采取可持续发展实践的驱动因素会由外部的制度性因素，逐渐转变为企业自我认知因素。

就企业采取可持续发展战略的动因而言，2002年，加拿大政府的一项研究提出多种因素驱动企业实施可持续发展，排名前五位的因素依次为：声誉/品牌形象、公司价值、与利益相关者的关系、怎样获得市场、处理与法规制定者的关系等。而 Price water house 在 2002 年的一项调查报告认为企业采取可持续发展实践的原因主要包括提高声誉（90%）、提高竞争优势（75%）、削减成本（73%）。Globescan 在 2003 年对 40 个国家的 201 位专家进行了调查，总结认为驱动企业可持续发展的因素主要有五种：法规、法定产品执行标准、法定的报告、自愿的协定、ISO14000 标准等。而 KPMG 在 2005 年的调查表明，推动企业可持续发展的主要动力有 12 种，排名前几位的因素包括经济因素、道德因素、创新与学习（分别占 74%、53%、53%），而员工动机及风险管理与风险控制也是比较重要的因素。

关于企业采取可持续发展战略的动因的调查，实际上，与资源基础观、制度理论、利益相关者理论等理论的主张有着紧密的联系。换句话说，这些调查，是直接支持了相关理论对于企业可持续发展动因的解释。例如，这些调查都表明规制合法性（如法规、法定产品执行标准、法定的报告、处理与法规制定者的关系等）是驱动企业采纳可持续发展战略的重要动因。

## 2.2.3 企业可持续发展的定义

### 2.2.3.1 企业可持续发展的定义回顾

Ivan Montiel（2008）在 *Organization & Environment* 上发表了一篇名为《企业社会责任与企业可持续发展能力》的文章，回顾了管理类顶级期刊上有关企业社会责任（corporate social responsibility，CSR）、企业可持续发展（corporate sustainability，CS）的相关文章，对 CS 的有关定义，如表 2-3 所汇总：

表2-3　CS相关定义

| 研究者 | 定义 |
|---|---|
| Gladwin和Kennelly（1995） | 可持续发展：以一种包容的、关联的、公平的、谨慎的、安全的方式实现人类发展的过程。可持续发展的要素包括：①包容性（环境和人文、近期和长期、当前和未来）；②关联性（世界各种问题都是相互关联和彼此依存的）；③公平性（资源和财产权利的公平分配）；④谨慎性（谨慎和预防的责任）；⑤安全（远离毒害威胁） |
| Shrivastava（1995） | 生态可持续发展：可通过四种不同的机制来获得：①环境的全面质量管理；②生态可持续竞争战略；③自然保护技术；④控制公司对人类的影响 |
| Starik和Rands（1995） | 生态可持续发展：个人或集体、一个或多个主体在较长时期内生存和蓬勃发展（以不伤害或不演变的形式）的能力，在允许同一系统或相关多个系统里其他群体的生存和发展的情况下 |

续表

| 研究者 | 定义 |
|---|---|
| Banerjee （2003） | 可持续发展：Brundtland 对可持续发展的定义不是一个真正的定义而更像是一句口号。强调可持续发展可以通过民族主义、管理效率的资本化概念（可持续发展的资本化）来实现 |
| Sharma 和 Henriques （2005） | 企业可持续发展：参考 Brundtland 的定义，是既满足当代人的需求，又不对后代人满足其需求的能力构成危害的发展 |
| Bansal （2005） | 企业可持续发展。基于三个原则构建了新的概念：①经济繁荣；②社会公平；③环境完整 |

资料来源：MONTIEL I. 2008. Corporate social responsibility and corporate sustainability：separate pasts，common futures. Organization & Environment，21（3）：245-269.

从表 2-3 中我们可以看到，关于企业可持续发展的学术性研究并不多。Gladwin T. N. 和 Kennelly J. J. （1995），Banerjee（2003），Pratima Bansal（2005）对企业可持续发展提出了较为明确的定义，其中又以 Banerjee 以及 Bansal 的研究更为突出。

### 2.2.3.2 企业可持续发展与企业社会责任研究的对比

研究企业可持续发展，离不开同企业社会责任的对比。本书专门对企业社会责任和企业可持续发展的理论研究进行了回顾和对比。

在前文中对企业可持续发展的有关定义做了回顾。为了对比企业社会责任与企业可持续发展，有必要对企业社会责任的有关定义也先做一个回顾。见表2-4：

表2-4 Corporate Social Responsibility 相关定义

| 研究者 | 定义 |
| --- | --- |
| Elbing（1970） | 企业家（businessmen）的社会责任：描述了社会责任框架（企业家有比利润最大化更重要的责任），反对经济框架（企业家只有为雇主谋求利润最大化的单一责任） |
| Davis（1973） | 社会责任：企业对狭义的经济、技术和法律要求之外的问题的考虑以及责任 |
| Hay 和 Gray（1974） | 企业管理者（business managers）的社会责任：是超出传统的利润最大化的经济范围的责任，或不仅仅是平衡众多贡献者（sundry contributors）与压力团体（pressure groups）之间的需求冲突 |
| Purcell（1974） | 企业社会责任：站在企业管理者（不仅是作为个人，而且是在公司里作为一个决策者）的角度，愿意积极主动、带着道德意识去直面其认为紧迫的社会问题，使得企业在其能力所及范围内去发挥影响、解决问题。这些责任要求管理者智慧地去平衡企业相关各方群体的需求，以便同时实现产品盈利性和社会共同利益的最佳，尤其是在法律或外部压力并没有要求管理者这样做、企业又难以拒绝的情况下 |
| Gavin 和 Maynard（1975） | 企业社会责任：参照 Luthans 和 Hodgetts（1972）的观点，包括对全球贫困、消费、生态、公民权利及雇员的物质和精神福利。同时，参照 Davis 和 Blomstrom（1971）的观点，CSR 产生于机构的道德义务，即需要评估自己的决策和行为对整个社会的影响 |
| Mears 和 Smith（1977） | 社会责任：企业对于公众、雇员、消费者的责任，以及雇员对企业的责任 |
| Crawford 和 Gram（1978） | 社会责任：企业和社会利益团体之间交易的结果 |
| Zenisek（1979） | 社会责任：有一个四阶段模型：①雇主-管理者类型；②组织-参与者类型；③工作-环境类型；④社会类型。 |

续表

| 研究者 | 定义 |
|---|---|
| Aupperle，Carroll 和 Hatfield（1985）；Carroll（1979）；Tuzzolino 和 Armandi（1981） | 社会责任：必须包括经济、法律、伦理及企业绩效的自由裁量类别（discretionary categories），因为需要强调企业对社会的完整义务 |
| Boal 和 Peery（1985） | 企业社会责任：是一个三维构念。①经济、非经济、人文的结果。②道德考虑。③相关利益团体的结果。描述了 Zenisek 所提出四种社会责任的结果：①组织的雇主-管理者（促进企业的经济利益，保持生产力的高水平，促进企业的长期生存，以及促进利益相关者的权益）②雇主-参与者（安全的工作条件，促进雇员发展有价值的技能和能力，促进雇员权益，雇员的工作安全感）。③工作环境-消费者（提供消费者需要的产品、公平的产品价格、保持产品和服务的高质量，提供安全的产品）。④社会方面（企业遵守法律，促进社会公平，支持社会和文化活动，不破坏环境） |
| McGee（1998） | 企业社会责任：显示了 CSR 概念的模糊，有时候从单纯的经济利益或者从主动的社会责任视角来定义 |
| McWilliams 和 Siegel（2001） | 企业社会责任：推进社会利益的行为，超出了企业的利益和法律要求的范围（CSR 不仅仅是遵守法律） |
| Maignan 和 Ralston（2002） | 企业社会责任：概念化的推动力（由价值观、利益相关者、业绩来推动）；过程化（目标在于实施 CSR 原则或强调特定的利益相关者主题，包括慈善、赞助、志愿者活动、道德准则、质量、健康和安全、管理环境影响）；以及利益相关者主题（社区、消费者、雇员、股东、供应商） |

资料来源：MONTIEL I. 2008. Corporate social responsibility and corporate sustainability：separate pasts，common futures [J]. Organization & Environment，21（3）:245-269.

　　将学者们关于企业社会责任和企业可持续发展的定义进行对比后，我们可以发现，二者在概念化的维度方面有着很大的相似性，但概念的建构方式、研究的范式和概念的具体内涵等方面又存在着一些差异。

对于企业可持续发展，一些学者只是把它作为构建企业社会责任概念的一种手段，而反之亦然。例如，Garriga 和 Melé（2004）试图画出企业社会责任的研究领域图，他们将"可持续发展"作为其中的一种理论和方法，用以构建企业社会责任的概念。有趣的是，他们也将企业社会绩效（corporate social performance）、企业公民（corporate citizenship）、议题管理（issues management）及事业关联营销（cause-related marketing）都作为可选方法。当然，这表明有大量的构念和方法被用到了企业社会责任的研究领域中。

企业可持续发展的概念有两种不同的建构方式。一方面，有的研究者将可持续发展同企业环境责任联系起来，经常使用"生态可持续发展"（ecological sustainability）一词（例如：Sharma 和 Henriques，2005；Shrivastava，1995）。企业环境管理（environmental management）的研究就是反映了企业可持续发展的这种研究维度。另一方面，其他学者从三重基线的视角来思考企业可持续发展，从三个维度（经济责任、社会公平和环境完整）来描述这个问题（例如 Bansal，2005；Gladwin 和 Kennelly，1995）。

企业社会责任和企业可持续发展有着相似的概念化维度——经济、社会和环境。但是，研究者们提出不同的问题。一方面，研究企业可持续发展的部分学者倾向于认为经济、社会和环境三个"支柱"（pillar）是相互联系的。实际上，企业可持续发展描述了一个网络系统，认为经济是社会的一部分，而社会又是更大的生态系统的一部分。另一方面，大部分做企业社会责任的实证研究的学者，以及部分做企业可持续发展研究的学者，会把社会和经济绩效当成独立的因素。但经济绩效和社会绩效之间的联系还是有待探讨的，尽管在20世纪80年代无数的实证研究分析了经济或财务绩效同社会绩效之间的相关性（Alexander 和 Buchholz，1978；Aupperle 等，1985；Cochran 和 Wood，1984；McGuire，Sundgren 和 Schneeweis，1988）。许多关于经济绩效和社会绩效之间关系的研究都是在"双赢"的情况下去做的。环境保护的倡议被放在了生产力提升、成本节约、消除缺陷的框架之下，所有这些都是质量改进的参数，那么如果不符合这些参数的话，环境保护问题会怎样？这依然不明朗。正如怀特海和沃利（1994）所指出的，工业面临的环境挑战是非常复杂的，不总是会形成双赢情形，并不总是需要为客户提供价值。在这些挑战情形下的管理决策过程，无论是对于企业社会责任还是对于企业可持续发展，都值得进一步研究。

企业可持续发展的研究者经常从生态中心（eco-centric）的范式来提出问题。而企业社会责任的观点则看起来更适合现有的企业研究范式，因为它主要是人本中心（anthropocentric）的范式。生态中心和人本中心两种范式的区别好比"内在价值"（intrinsic value）与"使用价值"（use value）两种自然保护的哲学争论一样。内在价值指一个主体内在性的东西，而不论它对人类的贡献（Vilkka，1997；Winter，2007）。使用价值，或者说实用价值（instrumental value），是指通过直接或间接利用环境资源而获得的效益。企业可持续发展的研究视角更多的是与内在价值范式相联系，而企业社会责任对自然环境的研究视角总体上是使用价值范式。也就是说，企业社会责任的研究者是基于对人类利益的视角来看环境问题的。

企业社会责任同企业可持续发展的另一个较大差别，在于它们对经济维度的概念化上。企业社会责任和企业可持续发展的构念中都有经济这一维度。例如，Carroll（1979）曾写到"首先，商业组织是社会的基本经济单位。因此，它有责任以一定的利润水平去出售商品和服务。企业的其他作用都建立在这一基本假设之上"。Bansal（2005）将企业可持续发展的经济维度定义为通过价值创造来实现经济繁荣："企业通过提供商品和服务来创造价值。因此，企业通过改进商品和服务效率来增加价值"。在 Carroll（1979）对 CSR 的定义中，企业的首要社会责任是经济繁荣。在 Bansal 对企业可持续发展的定义中，社会、环境、经济责任是互补的——这三方面要素必须被整合起来才是完美的。即对比之下，企业社会责任研究中学者们往往把经济责任列为最重要的责任，但企业可持续发展的研究者们则没有所谓"最重要的"，强调三个要素必须被整合起来。

除了有着相似的概念化维度，企业社会责任和企业可持续发展也都借鉴并发展了其他理论。从文献中可以看到，企业社会责任的研究是从利益相关者理论中受益颇多。从对企业社会责任的定义中，我们就能看出来利益相关者在很大程度上被整合进大部分关于企业社会责任的定义中（例如，Boal 和 Peery，1985；Maignan 和 Ralston，2002；Mears 和 Smith，1977）。另一方面，企业可持续发展和环境管理（EM）的研究者也借鉴了其他理论，例如资源基础观（Hart，1995；Russo 和 Arrison，2005），动机理论（Ramus 和 Steger，2000），以及制度理论（Delmas 和 Toffel，2004；Hoffman，1999）。

尽管企业社会责任和企业可持续发展的研究范式存在差异，但由于它们都对环境和社会因素进行了考虑，目前看来二者的研究正在靠近：一方面，在企业社会责任的研究中，环境问题是"更广义的社会绩效"的子集。另一方面，在企业可持续发展的研究中，社会维度已经成为可持续发展范式的一个日趋重要的部分。如今，企业如果要追求对社会负责任或可持续发展，必须要强调经济繁荣、社会公平和环境完整。实际上，企业社会责任的概念化整合了经济、社会和环境维度，与企业可持续发展的三重基线概念（包括经济、社会和环境维度）是非常相似的。因此，企业社会责任和企业可持续发展的目标都是为了平衡追求经济繁荣、社会公平和环境良好，不管它们将环境作为社会问题的一个子集还是作为可持续发展的第三个要素。❶

## 2.2.4 企业可持续发展的评价指标

对企业可持续发展，一些组织和机构做了关于企业可持续发展的评价指标研究。例如，GRI（全球报告倡议组织）可持续发展报告提出了可持续发展指标体系，包括电信行业专增指标。GRI（2006）在《可持续发展报告指南》（第三版）中，对可持续发展按照经济、环境和社会三方面进行细化、具体到指标，包括经济绩效9个指标、环境业绩30个指标、社会责任40个指标。这三方面指标的主要框架如表2-4所示。

---

❶ MONTIEL I. 2008. Corporate social responsibility and corporate sustainability: separate pasts, common futures. Organization & Environment, 21（3）: 245-269.

表2-5　GRI可持续发展指标的主要框架

| 维度 | 主要涉及的角度 | 测量 |
|---|---|---|
| 经济（9条） | ● 直接经济价值<br>● 对当地经济的贡献<br>● 间接经济影响，如对基建投资及服务的发展等 | ● 收入和盈利、气候转变带来的财务负担、养老金固定收益计划的覆盖面、政府财务援助<br>● 当地最低工资标准、当地供应商的支出比例、本地化人员聘用<br>● 商业活动、实物捐赠和免费专业服务 |
| 环境（30条） | ● 所用物料、能源、水的多少及可循环比例<br>● 对生物多样性影响<br>● 排放污水、污物的数量<br>● 交通运输对环境的影响 | ● 物料的用量、直接/间接能源耗量、总耗水量、影响的水源、循环再用的物料和水的百分比、节省的能源、提供节能产品、降低能耗的计划和成效<br>● 管理的环境保护区面积、对生物多样性和濒危物种的影响、生物多样性战略及未来计划<br>● 温室气体、臭氧消耗性物质、氮氧化物、污水、废弃物排放量，有毒废弃物运输和处理、严重泄漏次数、减排计划及成效<br>● 产品、物料运输所产生的环境影响 |
| 社会（40条） 人权（9条） | ● 投资及采购措施<br>● 歧视案件<br>● 结社自由与集体议价权<br>● 童工，强制劳动<br>● 保安，本地雇员 | ● 通过人权审查的投资协议和供应商的百分比<br>● 普通员工和保安在人权方面受训百分比<br>● 危害结社自由、童工和导致强制劳动的情况<br>● 歧视性和侵犯本地员工案件数及应对措施 |
| 员工管理（14条） | ● 员工构成及劳资关系<br>● 员工的职业健康及安全<br>● 员工培训与教育<br>● 员工多元化与平等机会 | ● 流失员工和受集体议价协议保障员工比例、劳动合同变更最短通知期、全职和兼职员工差异性福利<br>● 工伤/职业病比例和工伤死亡人数、工会健康与安全项目、劳资健康与安全委员会中劳方代表比例<br>● 员工受训时间和比例、技能培训课程、少数族裔雇员、男女员工基本薪金比例 |

续表

| 维度 | | 主要涉及的角度 | 测量 |
|---|---|---|---|
| 社会<br>（40条） | 社会<br>（8条） | ● 对社区的贡献，对公共活动的参与和捐献<br>● 反贿赂，遵守法规<br>● 反不正当竞争 | ● 评估和监控企业搬迁和持续运营对社区的冲击<br>● 游说公共政策、对政治组织的财物和实物捐赠<br>● 贿赂风险分析、违反法律被处巨额罚款的总额、接受反贿赂培训的员工百分比<br>● 反不正当竞争和反垄断相关诉讼的总数和结果 |
| | 产品责任<br>（9条） | ● 客户健康与安全、客户满意度、客户隐私权<br>● 正当市场推广 | ● 产品健康与安全评估、产品安全事故、符合信息披露要求的产品占比、违规案件数、客户满意度、侵犯客户隐私的投诉总数<br>● 合规市场推广计划、违规案件数 |

对于电信行业，GRI可持续发展报告中给出了电信行业专增指标。如表2-6所示：

表2-6　GRI可持续发展指标的主要框架

| 维度及要素 | | 内涵 |
|---|---|---|
| 内部运营<br>（8条） | 投资 | ● 按国家/地区划分的在电信网络基础设施资本投资<br>● 网络服务供应商为提供普遍服务而扩大服务地域，并将服务人群扩展至低收入群体的净成本 |
| | 健康和安全 | ● 为确保参与安装、操作、桅杆和基站维护，敷设电缆和其他外部设备的一线员工的健康和安全的措施。相关健康和安全议题包括登高工作、带电工作、暴露于电磁场和射频领域、接触有害化学品<br>● 遵守非电离辐射防护委员会（国际非电离辐射防护）关于手机射频（射频）排放标准<br>● 遵守非电离辐射防护委员会（国际非电离辐射防护）关于基站射频（射频）排放标准<br>● 对手机特定吸收率（SAR）的政策和措施 |

续表

| 维度及要素 | | 内涵 |
|---|---|---|
| 内部运营<br>(8条) | 基础设施 | ● 桅杆选址和传输线路的政策和措施，包括与利益相关者的磋商、基站共享等，以降低影响<br>● 独立基站、共享基站，以及现有结构上的基站数目及百分比 |
| 接入性<br>(11条) | 电信产品和<br>服务的接入 | ● 在偏远和人口密度低的地区部署电信基础设施，提供电信产品和服务接入<br>● 为语言障碍、文盲、缺乏教育，低收入，残疾人和老年人提供电信产品和服务<br>● 确保电信产品和服务可用性和可靠性<br>● 客户数目/市场份额、目标市场、覆盖的人口比例、地域范围比例等方面的数据<br>● 提供给低收入人群的电信产品和服务的种类和数量，包括定价，如在偏远、贫困或低人口密度地区每分钟的对话费或每兆流量费<br>● 在紧急情况和灾害救援时提供和维持电信服务 |
| | 内容获取 | ● 电信产品和服务的人权相关议题，如发起或参与保护言论自由动议，不同市场关于准入和内容审查的立法，与政府就涉及安全、刑事犯罪、潜在的违背伦理的内容的合作 |
| | 客户关系 | ● 公开沟通电磁场相关议题<br>● 电磁场研究项目和活动的投资金额<br>● 澄清电信领域资费<br>● 主动告知客户一些能够提高使用效率、降低成本、保护环境的产品应用 |
| 技术应用<br>(5条) | 资源利用率 | ● 举例说明电信产品和服务的资源利用率<br>● 举例说明有可能取代有形载体（如网络数据库电话本，可视电话）的电信产品、服务和应用<br>● 披露客户使用上述通信产品和服务带来的运输行为和/或资源配置的变化，包括规模、市场份额和节省的开支<br>● 披露客户使用上述所列产品和服务的反弹效应（间接后果），及可供吸取的经验，包括社会后果及环境后果<br>● 知识产权和开放源代码技术领域相关实践的描述 |

GRI可持续发展指标体系是广泛采用的指标体系，此外也有道琼斯企业可持续发展指数应用较广。道琼斯企业可持续发展指数的评估指标体系如表2-7所示：

表2-7 道琼斯企业可持续发展指数的评估指标体系

| 指标（括号内为指标权重） | | 内涵 |
|---|---|---|
| 经济（33%） | 公司管理（6%） | ● 执行董事、非执行董事和监事会人数及女性员工比例<br>● 独立非执行董事/独立监事是否担任董事会/监事会主席<br>● 董事会战略、薪酬、提名和审计委员会的组建和运转<br>● 员工股票期权计划、董事会成员和高管薪酬、审计师费用 |
| | 风险管理（6%） | ● 统一风险分析框架（风险评估、管理、汇报）的使用<br>● 使用风险地图来二维（可能性和严重性）衡量风险敞口<br>● 集团层面对风险的灵敏度分析和压力测试<br>● 集团层面设置首席风险官或负担风险控制的高层管理人员 |
| | 公司制度/执行力（5.5%） | ● 公司制度是否涉及反腐败、商业贿赂、歧视、信息保密、洗钱、内幕交易、员工及商业伙伴的安全、举报制度<br>● 反腐败和商业贿赂政策对集团、附属和合资公司覆盖面<br>● 公开披露违反公司制度、反腐败政策的事件、建立合规系统 |
| | 电信行业特色指标 | ● 品牌管理<br>● 隐私保护<br>● 客户关系管理<br>● 服务发展 |

续表

| 指标（括号内为指标权重） | | 内涵 |
|---|---|---|
| 环境（33%） | 环境绩效（7%） | ● 温室气体实际排放量、能源实际消耗量、实际耗水量和实际污水排放量<br>● 对温室气体、能源消耗、水资源消耗和污水的减排目标减排趋势和绩效 |
| | 环境报告（3%） | ● 已发布的环境报告（包括可持续发展报告/企业社会责任报告或年报中的相关章节）的内容和覆盖面 |
| | 电信行业特色指标 | ● 减少气候影响战略<br>● 电磁辐射管理<br>● 环境保护政策/管理体系 |
| 社会（33%） | 人力资本（5.5%） | ● 对高层管理人员、中层管理人员、一线主管和普通员工的正式技能培训过程的执行情况<br>● 使用培训时间、每位员工的培训成本、对员工投资的回报率或其他人力资源指标来衡量技能培训过程的执行 |
| | 人员的吸引力及稳定性（5.5%） | ● 对各类员工的绩效评估程序的覆盖面<br>● 各类员工的总薪酬、与绩效相关的可变薪酬占比<br>● 根据员工满意度调查得到的员工满意度水平<br>● 员工绩效的报告和公开程度 |
| | 劳动力实践（5%） | ● 非歧视/多元化、男女同工同酬、结社自由、裁员、健康和安全情况的衡量指标<br>● 处理员工的不满/投诉确保该事件保密<br>● 对劳工领域国际宪章的支持（签署或公开承诺遵守） |
| | 企业公民（3.5%） | ● 具备成型的系统来系统衡量公司对慈善事业的投入，以更好地改进公司的慈善/社会责任投资的战略<br>● 上一财政年度的慈善事业的总贡献/自愿性社会责任投资的货币价值（排除营销和广告预算） |
| | 社会报告（3%） | ● 已发布的社会报告（包括可持续发展报告/企业社会责任报告或年报中的相关章节）的内容和覆盖面 |

续表

| 指标（括号内为指标权重） | | 内涵 |
|---|---|---|
| 社会（33%） | 电信行业特色指标 | ● 数字化程度（digital inclusion）<br>● 电信服务对社会的影响<br>● 利益相关者参与度<br>● 供应商选择标准 |

这些关于企业可持续发展的评价指标，实际上提出了企业可持续发展绩效细化的内涵，对本研究结合电信行业提出企业可持续发展的测量方法，有着重要的参考意义。总结这些机构所提出的对企业可持续发展的衡量，我们得到如下结论：

第一，企业可持续发展实际上是要满足来自各方利益相关者的要求。包括来自政府、专业机构、行业协会等的规制性要求，即规制合法性产生的制度压力。同时，也包括要符合社会公众、媒体、客户、员工等的共有的价值观、道德规范等，这实际上是一种规范合法性产生的制度压力。

第二，对企业可持续发展的衡量，从环境、经济和社会三方面来衡量是通用的方式。但对于经济方面的衡量，有两种方式：一种是站在社会的角度审视企业内部的经济活动，如企业风险控制。另一种是站在企业的角度看自身对社会的贡献，例如对当地经济的贡献、间接经济影响等。笔者认为，从学者们的定义来看，大部分还是采用了第二种方式来衡量企业可持续发展的经济内涵，这种方式也更符合企业可持续发展被提出时所基于的广义社会视角。所以，笔者认为在本研究中对于企业可持续发展的经济内涵的界定，也应该将重点放在基于企业考量其对社会的贡献。

第三，每个行业都有其不同的特点，因此不同行业的企业可持续发展有着不同的内涵和判断标准。这种内涵和判断标准是测量企业可持续发展的基础，因行业特点而异，那么就需要针对各个行业的实证研究。这也体现了本研究的理论价值，即应结合电信行业的特点来讨论用于判断企业可持续发展的标准。

### 2.2.5 企业可持续发展的实证研究方法

从实证研究的方法来看，企业可持续发展的研究有使用企业调查（Chan，2005；Sharma 和 Vredenburg，1998）、雇员调查（Ramus 和 Montiel，2005；Ramus 和 Steger，2000）、民俗学访谈（ethnographic interviews）（Whiteman 和 Cooper，2000），或结合使用访谈与年报分析（Bansal，2005；Sharma 和 Henriques，2005）。

一些学者只是从环境维度来研究可持续发展，就采用诸如员工生态倡议（eco-initiative）、环境修复的志愿行动、生态设计、系统减少生产废物和排放等的变量。然而，如本文对企业可持续发展的定义回顾中所述及，本书所界定的企业可持续发展是从环境、经济和社会三个方面来进行研究的。许多研究者也从经济和社会的维度，提出了诸如政府关系、相关者的利益、健康和安全、社区发展等作为变量。

从文献回顾中，可以看到追求可持续发展的企业都考虑利益相关者的诉求，并参与到本地社区建设中（Ivan Montiel，2008）。因此，对可持续发展的测量，在细分的维度上可以考虑从利益相关者的角度围绕环境、经济和社会三方面来提出测量的标准。

## 2.3 制度与企业战略行为、绩效之间的实证研究

关于制度合法性的研究正在从理论构建向实证研究深化，从研究单个组织扩展到组织之间和组织内部的各个层次，从研究组织结构趋同扩展到研究战略、行为等的趋同。学者们运用这一理论，从一个全新的视角来重新审视战略管理领域的战略联盟、跨国公司、创业问题等经典问题。其中，影响最大、取得成就最多的当属对于创业问题的研究。例如，Tornikoski 和 Newbert 通过实证研究从组织层面考察了创业过程所涉及的合法性问题，利用创业动态跟踪研究数据库 804 家新创企业的数据进行时间序列分析，发现合法性与新创企业的绩效是显著正相关关系。而且他们进一步发现，并不是各种来源的合法性都与新创企业的绩效是显著正相关。例如，通过遵守规范获得的合法性与绩效的正相

关性不显著，而通过控制环境获得的合法性则与绩效的正相关性非常显著。因此，Tornikoski 和 Newbert 认为，新创企业与其通过被动服从的方式来获得合法性，不如采取主动争取的方式。

在这些实证研究中，有学者采用了内容分析的方法来做实证研究。例如，Hoffman（1999）探究了 1960—1963 年围绕企业环境保护问题的组织场域参与者的变化，分析并揭示了组织场域和组织如何共同进化。Hoffman 认为，在场域里相对抗的制度可能同时存在；随着制度演进，规制合法性、规范合法性和认知合法性等方面之间的联系就产生了。Hoffman 在这个研究中分析了两个独立的数据源，并采用了两种不同的方法，包括对联邦法律案件的统计分析及对行业杂志《化学周刊》的内容分析。对联邦法律案件的统计分析是为了发现组织场域的相关者，对行业杂志《化学周刊》的内容分析是为了找到化工企业环境问题转变的特征，同时也为了找到导致这些转变的突破性事件。采用两组不同并且相互独立的数据源的好处在于，它给后面的复合模型（Jick，1979）增加了可信度。

关于制度因素与企业可持续发展的实证研究，主要有：Bansal（2005）对加拿大的石油天然气、伐木和采掘企业所做的混合截面数据研究。Bansal（2005）对企业可持续发展的研究思路，如图 2-4 所示（该图根据 Bansal 研究内容绘制）：

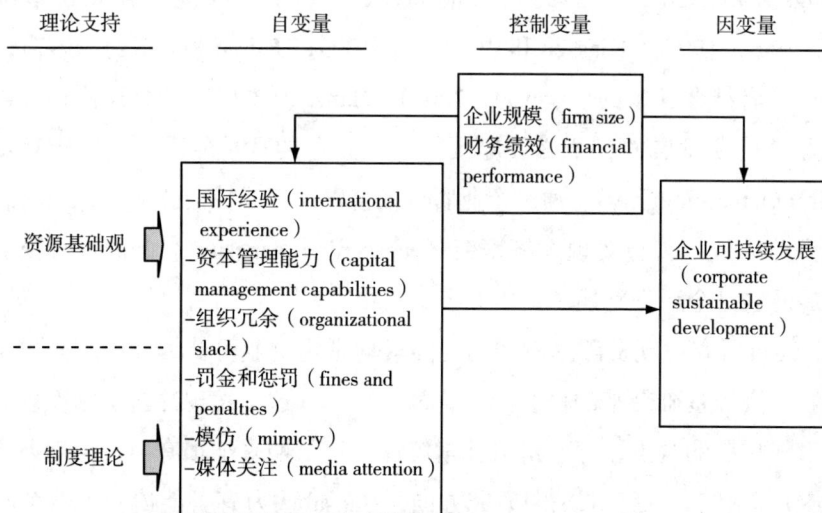

图2-4 Bansal：对企业可持续发展的研究思路

Bansal（2005）收集加拿大石油天然气、采掘和伐木行业从1986—1995年的企业数据，研究揭示了国际经验、模仿（mimicry）和组织规模与企业可持续发展呈正相关。但令人惊奇的是，所有者权益回报（ROE）与企业可持续发展呈负相关，与以前的研究（如Russo和Fouts，1997；Waddock和Graves，1997）相矛盾。这种因果关系的方向不能从分析中得出；换句话说，企业可持续发展引起不好的公司绩效，还是公司经营不善会更易于引致可持续发展的承诺，尚不清晰。已有研究对公司环境绩效、社会绩效、经济绩效之间关系的研究，显示混合结果，尤其是当这些测量因素被解构的时候。例如，在公司环境绩效领域，Klassen和Whybark（1999）发现禁止污染与制造业绩效正相关，而污染控制则与之负相关。类似的，在企业社会绩效领域，Hillman和Keim（2001）发现利益相关者管理行为与市场价值增加是正相关，而社会问题参与行为与之负相关。ROE与企业可持续发展之间的负向关系可能是因为因变量（企业可持续发展）的复杂性，或者是因为ROE反映了对企业可持续发展的短期成本投入。可见，可持续发展战略实施行为与企业绩效之间的关系尚不清晰，可能跟实证研究对象的不同有关。

对于企业可持续发展的研究，要么是采用制度视角（Hoffman，1999；Jennings和Zandbergen，1995；Prakash，1999），要么是采用资源基础视角（e.g.，Hart，1995；Klassen和Whybark，1999；Russo和Fouts，1997），较少有把这二者结合起来的（Bansal，2005）。Bansal（2005）结合这两种视角，提出企业可持续发展的三个必要原则：通过企业的环境管理行为实现环境完整（environmental integrity）、通过企业履行社会责任实现社会公平（social equity）、通过企业的价值创造实现经济繁荣（economic prosperity）。Bansal对企业可持续发展的这三个原则阐述了具体标准。

Bansal研究发现资源基础和制度因素均影响企业可持续发展，而从时间维度来看，资源基础带来的机会则一直都很重要（这个发现冲击了制度理论对新管理形式扩散的观点，即经济或技术解释对于早期采纳很有力，但后期会被制度解释所取代）。关于未来的研究方向，Bansal认为有可能遗漏了对解释企业可持续发展的重要的资源基础和制度变量，也就是说这个模型可能还不够细致。

此外，Subhabrata Bobby Banerjee 也围绕企业可持续发展进行了一系列的研究，包括实证研究。例如，Banerjee 在对美国 311 家公司的环境战略的调查中，通过数据分析发现内部和外部因素在影响公司环保主义方面显示出了明显差异。监管、公众的关注和最高管理层的承诺都是与企业环境保护主义正相关。Banerjee（2002）也通过路径分析（path analysis）发现企业环保主义和建立竞争优势的需求、立法和公众关注之间的关系，都需要由最高管理层的承诺作为中介。Banerjee（2002）还特别提出，未来的研究方向之一是分析在各种行业情境下的企业可持续发展实践，并认为利益相关者在实现可持续发展的作用需要进一步关注。这是因为利益相关者理论通常被看作一个强大的研究范式，如果可持续发展理论能够将经济、社会和环境问题整合到组织战略中，然后形成一个强有力的组织及其利益相关者的理论，将具有重大意义。

## 2.4 本章小结

综合上述的理论分析，我们可以得出以下结论：

1. 研究制度合法性对企业可持续发展的影响具有重要意义，且这种研究可采取"制度—战略—绩效"的范式

前已述及，既有研究（尤其是国内研究）较少涉及制度合法性与企业可持续发展战略及绩效之间的关系。并且，一方面，制度因素对企业可持续发展的影响，并不一定像制度理论已有诸多研究结果所揭示的那样都是从经济和技术导向走向制度化（从 Bansal（2005）的实证研究成果来看），有可能是在早期就很重要。另一方面，对于企业可持续发展战略对绩效的影响的实证研究存在结论复杂甚至因果关系不清晰的情况。

与此同时，单从制度合法性的研究来看，重视思考组织作为参与者对制度环境的影响、揭示组织应对制度合法性的战略行为，是具有积极的实践意义的。

根据 Peng（2006）提出的"制度—战略—绩效"研究范式，可以从制度理论出发，分析制度因素的变化，这种变化会造成企业为追求合法性而采取顺

从、适应或控制环境的应对策略，进一步影响企业的绩效。那么，根据这种研究范式，围绕可持续发展这一主题，构建一个制度合法性对企业可持续发展战略及绩效的影响模型，重视组织对制度环境的反向影响，对企业可持续发展提出新的测量变量，检验特定情境下的制度合法性与企业可持续发展战略及绩效的关系，是具有重要理论意义的。

2. 研究中应整合相关其他理论的成果

在以往企业可持续发展和CSR的理论研究中，借鉴了资源基础观、动机理论、利益相关者理论等多种理论。这些理论的借鉴，有助于解释企业采纳可持续发展战略的动因、实施可持续发展战略的能力，以及在可持续发展实践中是否因外部环境不同所产生的影响大小也不同。

本研究的核心是探求制度因素对于企业可持续发展战略及绩效的影响，但在构建概念模型的时候，应考虑结合利益相关者理论、动机理论等用于企业可持续发展研究的成果。

从笔者对于制度合法性的理论回顾中，也同样可以看出，围绕制度合法性提出的变量，很可能离不开对企业利益相关者的分析，因为只有与企业利益相关的群体才有可能对企业造成影响，这些群体是企业所处"由信念、信仰、准则和概念等要素社会性建构而成的系统"的参与者。

3. 对影响企业可持续发展的制度因素应考虑更多变量

如Bansal（2005）所说：尽管考虑了资源基础和制度变量，目前的研究在建立环境因素对企业可持续发展的影响模型上仍然可能不够细致。这是在此方面进行研究的一个重要方向，即应挖掘更多影响企业可持续发展的环境变量。这既体现为解释变量可以考虑得更加细致，也可体现为增加中介变量或控制变量。

在以前的研究中，学者们虽然整合资源、制度方面的因素提出解释变量，但对制度因素的细化并不深入。例如，Scott D. Julian、Joseph C. Ofori-dankwa和Robert T. Justis（2008）在研究企业对利益相关者压力的反应时，考虑制度因素仅仅使用企业的可见性（visibility）（该因素用"企业销售规模"和"是否公有制"来测量）来反映制度对企业形成的压力或者影响的大小。

在以往的研究中，许多学者是直接将制度因素作为解释变量与企业可持续发展这一被解释变量进行相关性研究，而未考虑到企业管理决策者认知的因素，即未考虑企业管理决策者在意识到制度要求之后做出选择，而这种选择行为是一个中介变量。

4. 对企业可持续发展带来的绩效影响的测量还有待讨论

CSR 和企业可持续发展两种理论虽然都考虑了经济、社会、环境三方面的测量，并都在探索企业在此三方面的绩效表现。但二者的差异是，CSR 将这三方面进行独立的考虑，企业可持续发展的部分研究者将三方面整合起来测量，例如，Bansal（2005）将三方面整合起来作为一个变量进行实证研究。笔者更倾向于整合企业在经济、社会、环境三方面的表现作为企业的可持续发展绩效，因为可持续发展的内涵就是强调对三方面的均衡发展。将经济、社会和环境独立起来考察，会在一定程度上背离了企业可持续发展的研究初衷。

# 第3章 理论拓展与研究假说

## 3.1 从电信运营企业的角度来定义制度合法性

从文献回顾中，可以看到对制度合法性的分类主要是从文化认知的角度来分类，基本都是围绕规制、规范和认知三个角度来阐述。而规制合法性来源于政府、专业机构、行业协会等相关部门所制定的规章制度，因为这些规制系统拥有对所辖企业的制裁权；规范合法性来源于社会价值观和道德规范；认知合法性来源于有关特定事物或活动的知识扩散。当一项活动被人们所熟悉时，它就具备了认知合法性。

具体到电信运营企业，其合法性来源，即制度压力的来源包括：

（1）规制合法性，来自行业监管部门（主要是工业和信息化部、国有资产监督管理委员会）的规章制度、行政命令等的约束。

（2）规范合法性，来自社会价值观和道德规范等社会准则的约束，包括企业的客户、合作伙伴、社会公众与媒体等。企业的行为应符合这些主体的要求。

（3）认知合法性，来源于企业可持续发展实践的知识扩散，这种扩散体现为企业可持续发展的活动被人们所熟悉，包括各个企业自身。而此时的这种扩散，往往会体现为模仿和学习机制。

根据前述"制度-战略-绩效"的研究范式，企业在制度压力（institutional pressure）之下，为了追求合法性而选择自己的战略行为，进而体现为绩效的变化。那么，对于规制、规范和认知合法性，我们需要测量的是其产生的制度压力。

第一，规制合法性产生的制度压力是行业监管部门对其在环境、经济和社会方面的发展约束，包括提出环境保护、节能减排的号召，实施环境保护的专项治理工作；对企业经济行为的监督和约束，例如要求资费的降低、要求电信运营企业带动产业链的共同发展；对企业在承担社会责任、提供更公平的通信服务与更优质的客户服务等方面的要求。

第二，规范合法性产生的制度压力，是客户、合作伙伴、社会公众与媒体等提出的、期望企业符合的要求。例如，客户对其服务质量、承担社会责任等方面的要求，以及产业上下游的各种合作伙伴对其在合作的规范管理、带动产业共赢发展等方面的要求，还包括社会公众与媒体对于电信运营企业在提供服务、履行社会责任等方面的要求。

第三，认知合法性产生的制度压力，是来自电信运营企业的各个利益相关者对某种行为的熟悉，这种行为（如知名大型企业纷纷制定可持续发展战略、发布企业社会责任报告等行为）一旦为电信运营企业的利益相关者所熟知，就具有合法性，从而会形成对电信运营企业的制度压力。

因此，从制度理论出发，本研究针对电信运营企可以将制度合法性产生的压力进行细分：

（1）规制合法性产生的制度压力。

行业监管约束：指行业监管部门（包括工业和信息化部、国资委、财政部、地方政府等可以对企业形成制裁性约束的部门）对企业在可持续发展战略方面的要求。

（2）规范合法性产生的制度压力。

①客户要求：指电信运营企业的直接客户（包括个人客户和企业客户）对企业在可持续发展战略方面的要求。

②产业上下游要求：指电信运营企业的合作伙伴（如电信设备商、渠道合作者、内容提供商、系统集成商、终端厂商等）对企业在可持续发展战略方面的要求。

③社会公众和媒体要求：指社会公众和媒体作为泛在的利益相关者，从社会准则角度对于企业在可持续发展战略方面的要求。

（3）认知合法性产生的制度压力。

其他企业的示范：指其他电信运营企业或同为大型央企的其他行业企业或

同为电信运营企业集团公司下属子公司的其他企业，在可持续发展战略制定和实施方面的行为，会起到示范作用，带来认知合法性，并形成对企业的制度压力。

这几类合法性的划分，是与合法性的来源主体密切相关。而这样划分也是结合了利益相关者理论。在理论回顾部分，笔者对企业可持续发展理论的综述，充分表明了追求可持续发展的企业都考虑利益相关者的诉求（例如，Ivan Montiel，2008）。

既然这几类合法性是与合法性的来源主体密切相关，那么为了检验这几类合法性是否充分涵盖了制度合法性而没有存在重大遗漏，可从电信运营企业的外部利益相关者的角度来进行对照检查。根据Freeman（1984）的利益相关者理论（Stakeholder Theory）认为，企业是否能生存和成功取决于通过满足企业不同利益相关者的需要，来实现财务（利益最大化）和非财务（社会责任）目标（Argandona，1998；Harvey和Schaefer，2001；Post，2003；Pirsch，Gupta，Grau，2007）。所谓利益相关者，早期Freeman（1984）定义为影响组织目标实现的任何群体或个人。主要的利益相关群体包括股东和投资商、员工、消费者、供货商，以及公共实体（如政府和其他管理商业的公共组织）（Clarkson，1995）、商业协会、环境组织（Donaldson和Preston，1995）。对照利益相关者的定义，可以认为电信运营企业的外部利益相关者主要包括产业价值链合作伙伴、客户、投资者、竞争者、媒体、公众、政府。但是，本研究认为对电信运营企业可以暂不专门研究投资者的合法性，因为目前中国几大电信运营企业均为国有大型央企，其最大的股东是国资委。国资委代表国家履行出资人职责，监管电信运营企业的国有资产、负责督促检查企业贯彻落实国家安全生产方针政策及有关法律法规、标准等工作。❶因此，国资委作为出资人对于电信运营企业的监管，与工业和信息化部等政府机构对电信运营企业的监管一样，都产生规制合法性，且政府管理的色彩浓厚，为研究均方便，本研究中将其作为行业的监管约束。

---

❶ 国资委主要职责详见《国务院关于机构设置的通知》（国发〔2008〕11号）。

因此，可以说，本研究所细分的这几类合法性，已经涵盖了电信运营企业主要的外部利益相关者。

前文是从企业外部讨论了制度合法性，而在企业内部，还有着内部制度合法性。企业内部制度合法性主要来自企业内部对于管理制度、组织结构、发展战略等问题的承认、支持和服从。这可以从规范和认知两个角度来衡量制度合法性。从规范合法性角度看，合法性主要来自电信运营企业内部子公司对集团公司的管理要求（如投资回报要求、社会责任履行要求等）的服从。从认知合法性角度看，合法性主要来自企业上下，包括公司高管和普通员工，对于企业经营发展问题（如对可持续发展）的熟悉和了解。

鉴于对电信运营企业认知合法性的研究数据难以获取，本研究暂不对电信运营企业的内部认知合法性进行测量和探讨。而对于内部的规范合法性，本研究主要关注企业内部集团公司对子公司的管理要求所造成的制度压力。由于集团公司的管理要求是以资源配置为手段来实现的，所以，可以通过分析集团公司对子公司的资源配置来衡量集团公司对子公司的管理要求的压力大小。这种资源配置，是指集团公司在子公司特定贡献水平下对于子公司的资源投入。如果子公司的贡献相对小，而获得的集团公司资源相对多，说明集团公司对子公司的要求低、子公司压力小；反之，如果子公司的贡献相对大，而获得的集团公司资源相对少，说明集团公司对子公司的要求高、子公司压力大。

根据笔者对电信运营企业的了解，在集团公司投入资源少、要求高的情况下，子公司很可能往往忙于生产经营的重任而无暇顾及对环境完整和社会公平方面的要求。

如果要将同一集团公司下面的各个子公司放在一起进行实证研究，那么，必须要控制来自集团公司的影响。因此，如果针对某一集团公司的各个子公司来做实证，就应该将来自集团公司的内部制度合法性压力作为控制变量。

# 3.2 企业可持续发展战略的定义与研究维度

## 3.2.1 企业可持续发展战略的定义

对于"战略"一词的内涵，长期以来有许多的定义。与"战略"相关的也有许多概念，如战略管理、战略制定、战略实施，还有战略目标、战略方案等。学者们对这些概念的内涵及概念之间的关系有不同观点和定义，但总的来看，大体上可以认为：战略是一种决策，包括定位、目标及为达到这些目标而制订的对各项活动进行整合的主要方案和计划；战略管理是一个过程，一个为实现企业的目标而不断调整自己的行动方案的过程；战略管理的过程包括战略制定和战略实施。

Andrews（1971）把战略管理分成两个完全不同的部分：战略制定与战略实施。他指出战略制定只考虑四个因素：你可以做什么（市场机遇）、你能够做什么（内部资源与能力）、你想做什么（个人抱负）与你应该做什么（社会责任）。在战略实施过程中，企业要从组织、管理与领导方面来保证战略得到认真的贯彻，寻找四者的结合。Andrews这一战略管理理论体系，从1960年代确立到现在一直得到承袭。

在前面的理论回顾中，可以看到许多研究是针对企业可持续发展进行定义，而对于什么是企业可持续发展战略，目前学术界对其定义还比较少。但在最近十多年里，公司已经开始把环境考虑纳入其公司战略中（Buysse和 Verbeke，2003；Henriques 和 Sadorsky，1999；Sharma 和 Vredenburg，1998），也已经不仅限于为应对政府规制压力而对控制污染性废弃物和排放物进行成本投入（Walley 和 Whitehead，1994）。因此，关于企业可持续发展战略（corporate sustainability strategy）的讨论在文献中也逐渐多起来，例如 Sharma 和 Henriques （2005）认为企业可持续发展战略包括污染控制、生态节约、可循环、生态规划、生态系统保护工作及业务模式重新定义。

从 Sharma 和 Henriques 对企业可持续发展战略的定义，可以看出学者们对于企业可持续发展战略的定义还是偏重于企业如何做到可持续发展，即针对企业战略行为计划的描述。在前文中，笔者通过对企业可持续发展定义的回顾，总结了企业可持续发展的主流观点大多围绕环境、经济、社会三个维度来进行定义，如Bansal（2005）、Gladwin和Kennelly（1995）等。

因此，本研究在整合企业可持续发展理论的相关研究成果的基础上，提出企业可持续发展战略的定义：企业可持续发展战略（corporate strategy for sustainable development，CSSD）是企业为实现环境完整（environmental integrity）、社会公平（social equity）、经济繁荣（economic prosperity）而进行的目标设定、策略制定以及行动安排。从这个意义上讲，笔者赞同"战略本质上是一种选择"。

### 3.2.2 企业可持续发展战略的研究维度

由于企业战略的本质是一种选择，制度合法性首先影响的是企业选择制定怎样的可持续发展战略目标。这种可持续发展战略目标会指导企业行动，从而影响企业产生怎样的环境绩效、经济绩效和社会绩效。因此，制度合法性对企业可持续发展的影响，是先影响企业的可持续发展战略选择，例如制定符合可持续发展原则的目标，进而影响企业的可持续发展战略绩效（包括环境绩效、经济绩效和社会绩效）。

根据对企业可持续发展战略的定义，对于企业可持续发展战略选择，从环境完整、经济繁荣和社会公平这三个方面来进行测量。

## 3.3 电信运营企业可持续发展绩效的研究维度

根据对企业可持续发展战略的定义，对企业可持续发展战略选择的研究应从环境、经济、社会三个方面来进行。例如，Bansal（2005）在以加拿大的林业、采矿和石油天然气行业为样本时，对企业可持续发展围绕环境、经济、社会三个方面进行了具体描述。如表3-1所示：

表 3-1 Bansal（2005）对企业可持续发展三个原则的具体描述

| | |
|---|---|
| 环境完整 | 1. 开采或制造的产品比前几年或比竞争对手产生对环境更少的伤害 |
| | 2. 开采或制造产品使用的原料比前几年或比竞争对手产生对环境更少的伤害 |
| | 3. 选择可补救或可补充的资源作为生产投入 |
| | 4. 生产过程减少环境影响或取消会伤害环境的生产过程 |
| | 5. 取消或减少在环境敏感地区的运营 |
| | 6. 试图通过过程改进来减少环境事故发生的可能性 |
| | 7. 通过简化工艺来减少废弃物 |
| | 8. 本公司生产过程使用废弃物作为原料 |
| | 9. 负责任地处理废弃物 |
| | 10. 负责任地处理或储存有毒废弃物 |
| 经济繁荣 | 1. 同政府一起努力保护公司利益 |
| | 2. 在同样的产出水平下减少投入成本 |
| | 3. 在同样的产出水平下减少了废弃物管理的成本 |
| | 4. 基于生产过程或产品的环境绩效的市场营销努力，区别对待生产过程或产品 |
| | 5. 出售废品获得收入 |
| | 6. 创造出附带技术，可用于其他领域以创造收益 |
| 社会公平 | 1. 在投资决策中通过创造一种正式的对话来考虑利益相关者的利益 |
| | 2. 向公众沟通企业对环境的影响和风险 |
| | 3. 改善雇员或社区的健康和安全 |
| | 4. 保护土著居民或本地社区的权利 |
| | 5. 关注企业设施和运营的直观方面 |
| | 6. 意识到并满足本地社区行动的资金需求 |

资料来源：BANSAL P. 2005.Evolving sustainably：a longitudinal study of corporate sustainable devel-opment [J]. Strategic Management Journal，26：197-218.

在本研究中，我们也认为应从环境完整、经济繁荣、社会公平这三方面来测量企业的可持续发展绩效。

# 3.4 概念模型的构建

## 3.4.1 制度合法性对企业可持续发展及绩效的影响机理

在文献综述中，本书提到了制度因素与企业可持续发展实证研究的主要成果是Bansal（2005）对加拿大的石油天然气、伐木和采掘企业所做的研究。在Bansal（2005）对企业可持续发展的研究思路中，基于制度理论提出了罚金和惩罚、模仿、媒体关注三个制度因素，将企业规模和财务水平作为控制变量，将企业可持续发展绩效作为因变量。Bansal的研究验证了制度因素会对企业可持续发展产生影响。

Bansal定义的企业可持续发展，其实是没有区分企业认知层面的战略选择和行动层面的战略执行这两个因素的区别。如前文提到，在回顾了相关文献后，笔者发现，学者们对于制度因素影响企业可持续发展战略的逻辑的讨论很少，而只有先"选择"才能有"行动"，因此，笔者认为可以尝试将可持续发展战略选择作为一个中介变量，即在制度合法性因素的驱动之下企业先有对可持续发展战略的选择，然后这些选择会直接影响战略执行。例如，Dacin、Oliver和Roy（2007）提出战略联盟的合法性功能对公司绩效的影响逻辑是，合法性需求动因—合法性需求—联盟偏好—绩效，认为是对联盟的选择会影响公司绩效。而根据M.Peng（2005）关于"制度理论是战略三角的第三条腿"的观点（在本书的2.1.1章节有具体介绍），可总结出制度理论的研究范式即是"制度-战略-绩效"的范式。这实际上也印证了笔者的观点，即制度因素影响企业的战略选择，而后这种选择的影响会体现在企业的战略执行的绩效上。

我们猜想：①可持续发展战略的制定，是企业顺从政府的要求，有利于企业拉近同政府之间的关系、保持其垄断地位从而获取更多的张伯伦租，体现为经济绩效的改善。②电信运营企业重视可持续发展战略的制定，在促进环境完整、经济繁荣和社会公平方面给客户留下好的印象、增加客户选择运营企业产品和服务的意愿，从而对企业的社会绩效和经济绩效均产生促进作用。③可持续发展战略的制定，使企业更加重视同产业上下游的合作关系，改进合作管理、提高合作效率与效益，从而促进企业经济绩效的改善。同时，更加有利于企业带动上下游产业的发展，从而增加政府与产业合作伙伴对企业的认可，也有利于促进企业社会绩效的改善。④电信运营企业制定可持续发展战略，有助于社会公众和媒体对企业留下好的印象，从而有利于企业改善社会形象、提高品牌价值，既获得更多的来自社会各界的认可，又可增加客户的购买意愿、促进经济绩效的提升。⑤由于受到其他企业制定、实施可持续发展战略的示范性影响，企业更容易倾向于采纳可持续发展战略，而可持续发展战略的制定，意味着电信运营企业将采取更多的环境保护措施，使得其环境绩效得到提升；意味着企业更加积极地参与社会公益事业、维护社会稳定和公共安全、重视员工的成长与权益保障等，从而可以获得更好的社会绩效。

因此，我们猜想企业可持续发展战略选择会对绩效产生影响，而这种绩效是可持续发展绩效，包括环境、经济、社会三个方面的均衡发展。

基于对制度合法性的认识，对"企业可持续发展战略选择"这一变量的中介作用的猜想、制度合法性及其他因素与企业绩效关联性的研究成果，本书提出一个制度合法性对电信运营企业可持续发展战略及绩效的影响模型。如图3-1所示：

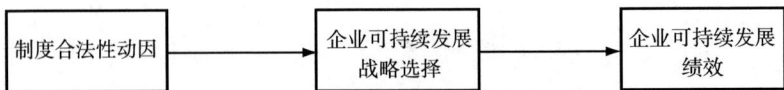

图3-1 制度合法性对电信运营企业可持续发展战略及绩效的影响模型初步构建

## 3.4.2 其他影响企业可持续发展及绩效的因素

企业可持续发展绩效，除了受到内、外部制度合法性约束之外，其他的内、外部因素也有可能会发生作用。因此，有必要控制其他可能影响企业可持续发展战略选择以及可持续发展绩效的变量。

Bansal（2005）的研究直接揭示了除制度因素之外，企业规模和财务表现因素也会对企业可持续发展产生影响。而根据Oliver（1997）等人对制度因素和企业可持续竞争优势之间的研究，我们可以发现制度因素很可能会影响企业的绩效，因为企业可持续竞争优势往往意味着良好的财务绩效。根据学者们的研究（D Miaggio 和 Powel，1991；Oliver，1997；Bansal，2005），制度因素至少会同企业的财务绩效有关联，至于同环境绩效和社会绩效的关联性则还有待研究。

因此，在这个概念模型中主要有以下几个控制变量需要考虑。

1. 企业规模

企业规模越大，越吸引媒体或其他利益相关者的关注和监视，这会影响企业的合法性以及声誉（Fombrun，1996；Suchman，1995）。Scott D. Julian，Joseph C. Ofori-Dankwa 和 Robert T. Justis（2008）在研究组织对于利益相关者压力的战略反应时，采用规模指标（如销售范围）来作为组织能见度（visibility）的测量指标，而组织能见度又代表了企业受到的制度压力，认为规模越大的企业越容易成为制度压力的目标。Stanwick（1998）和 Chen-fong Wu（2002）发现了公司规模与社会绩效有重要的正向关系。

因此，我们猜想规模越大的企业，越倾向于选择可持续发展战略。所以，在本研究中，需要消除规模因素对企业可持续发展战略选择及绩效的影响。

2. 财务表现

在之前的研究中，有学者已经提出环境管理行为和企业社会责任都与企业的财务绩效是相关的（Klassen 和 McLaughlin，1996；McGuire 等，1988）。所以，我们需要考虑将财务表现作为控制变量。

3. 内部资源配置要求

除企业规模和财务表现之外，如果是针对集团公司的各个子公司进行实证研究，那么，还要考虑将来自集团公司的制度压力控制起来。如前文所讨论，在本研究中对来自企业内部的集团公司的制度压力，主要关注的是集团公司对子公司的管理要求所造成的制度压力。而笔者认为，可以通过分析集团公司对子公司的资源配置，来衡量集团公司对子公司的管理要求压力大小。

基于对控制变量的考虑，以及在前文中也讨论过制度合法性从电信运营企业角度的细分，即企业外部合法性可以提出进一步的细分变量，所以，图3-1

提出的概念模型见图3-2所示的模型：

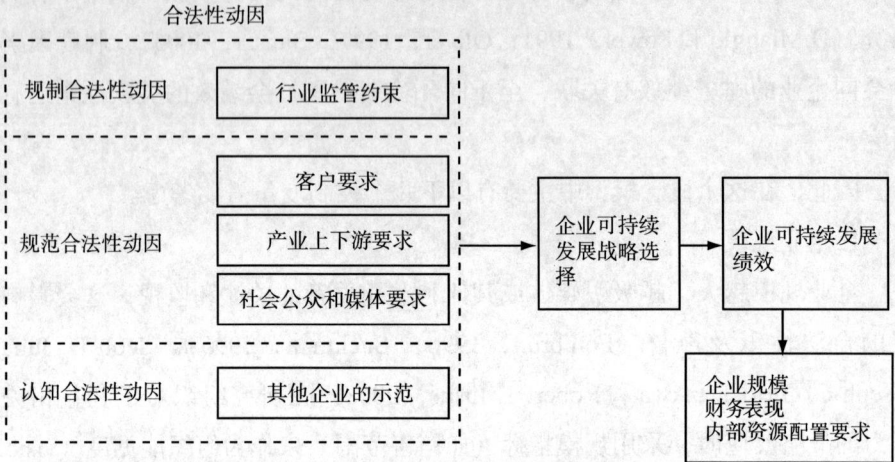

图3-2　制度合法性对电信运营企业可持续发展战略及绩效的影响模型

在这个模型中，自变量、中介变量、控制变量和因变量见表3-2所示。

表3-2　概念模型中的各个变量

| 自变量 | 中介变量 | 控制变量 | 因变量 |
| --- | --- | --- | --- |
| ● 行业监管约束<br>● 客户要求<br>● 产业上下游要求<br>● 社会公众和媒体要求<br>● 其他企业的示范 | ● 企业可持续发展战略选择 | ● 企业规模<br>● 财务表现<br>● 内部资源配置要求 | ● 企业可持续发展绩效 |

需特别说明的是，将"内部资源配置要求"作为控制变量，是因为本研究打算研究的样本对象是中国移动集团的31家子公司。因此，在这个概念模型中，笔者将来自集团公司的内部制度合法性压力作为控制变量。如果针对的样本对象不是集团公司下属的子公司，而是将各个集团公司作为样本对象，那么，就意味着应将"内部资源配置要求"这一变量作为自变量。

# 3.5 研究假设的提出

制度理论强调企业运营的社会情境。企业需要慎重的在制度约束下运营，如果没能遵从要求，制度化的规范就会威胁到企业的合法性、资源以及最终的生存（DiMaggio 和 Powell，1983；Oliver，1991；Scott，1987）。制度化的规范能够渗入社会情境中，变得非常难对付（intractable）和理所当然，以至于企业总是没有意识到自己是在遵从规范（Meyer 和 Rowan，1977）。企业意识到遵从规范会有利于获取资源的话，也会在战略上对制度规范做出回应（Oliver，1991；Suchman，1995）。制度存在于政府、专业机构、公众或媒体、客户等群体之中。

制度理论与企业可持续发展相关联，是因为：

① 个人的价值观和信仰体系是用于判断企业对可持续发展的承诺，影响着企业的可接受性（acceptability）与合法性（Bansal 和 Roth，2000）；

② 对企业可持续发展问题存在不同观点的行为人会对话并辩论，以建立起规范和一致性（Hoffman，1999；Wade-Benzoni 等，2002）；

③ 可持续发展的组成要素会通过规章和协议逐渐变得制度化（Frank，Hironaka 和 Schofer，2000）。Jennings 和 Zandbergen（1995）提出制度扩散的方式可以是强制、模仿或规范，影响着可持续发展实践在企业之间的扩散速度。

制度对于企业可持续发展的影响，首先体现为影响企业战略选择，然后进一步影响企业可持续发展绩效。因此，我们讨论的制度合法性对电信运营企业可持续发展战略的影响，是从战略选择和绩效两个角度来形成假说。

（1）"行业监管约束"对企业可持续发展战略选择及绩效的影响假说。

可持续发展的制度化过程可以通过向企业施压、直接影响企业而形成（DiMaggio 和 Powell，1983）。如果企业没能迎合这些制度压力，尤其是那些由强势利益相关者施加的压力，会造成收入损失、声誉损失，甚至失去经营的许可（Oliver，1991；Pfeffer 和 Salancik，1978）。

最典型的"由强势利益相关者施加的压力"，对电信运营企业而言，应当重视来自行业监管部门的要求、施加的压力。电信运营企业通常会表示积极响应政府相关部门的号召、执行国家政策，进而也会采取相应的行动。

有学者也曾经探讨行业监管约束对电信运营企业的战略演变影响。例如，徐岩、李海洋（2004）针对中国电信业的研究提出"显然，政府的规章和政策通过不同的方式影响了经营战略的变化或调整"。在研究中，徐岩、李海洋构建了一个"中国企业经营战略演变的影响因素的整合模型"，认为规章、政策等制度因素影响着电信运营企业经营战略的演变。

与绝大多数竞争性产业不同，电信业因其外部性、自然垄断性及高度资本密集等内在特征，在很多国家都属于受政府严格规制的产业领域，在中国尤其如此。回顾中国电信业的发展改革历程，我们就会发现，行业监管约束影响企业战略演变的例子数不胜数。政府最直接的手段，就是通过增加或限制企业的资源，来影响企业战略的转变。例如，在诸如产权、管辖结构和交易等领域，政府可能对经济参与者制定规则。随着政府监管思路越来越向鼓励竞争、促进可持续发展的角度转变，通信行业的竞争自由化程度提高。市场竞争加剧之后，客户的要求越来越多，企业不得不提供尽可能多的服务和产品。动态的、竞争的市场局面提高了企业对市场的资源依赖性（Pfeffer 和 Salancik，1978）。这种依赖性可能导致企业通过业务重组和战略结盟来提高效率、获取资源。

又如，当政府从国家或行业发展的层面提出监管要求或发展任务时，无论表面上用什么形式来交给电信企业，其实质都意味着对电信企业加以约束，也会直接造成企业可持续发展战略行为的演变。Fligstein（1996）用"商场如官场"（markets as politics）的比喻来说明，政府和国家在市场制度建设中扮演关键角色。我们从 TD-SCDMA 这一具有民族自主知识产权标准的发展中可以领悟到这一点。最初，中国移动完全是把 TD 运营当成一种政治任务来对待。早在 2008 年初，有关部门决策将 TD 统一交由中国移动运营，随后中国移动在八大奥运城市启动了 TD 的社会化测试与试商用。中国移动的无奈从此时的宣传口号中可以窥见一斑。最初的宣传口号是"TD 发展，有我支持"，这作为一个向用户沟通商业产品的宣传口号，显然是非常不成熟的，也表明此时中国移动是把 TD 的发展当成全社会都应当共同承担的责任。在这样一种思路和心态下，经历近一年的社会化测试与试商用，中国移动的TD业务没有多少更新，产业链成熟的进度缓慢，发展的绝大多数用户基本都是中国移动友好用户，这种状况显然不是政府想要看到的，也不是一项受到政府大力支持的新技术应有的市场表现。随着政府坚定了让中国移动运营TD的决心，2008年底国务院会议对3G牌照发放的讨论更是将这种决心上升到最高决策层面，中国移动已经没有退路。果然，刚刚跨入2009年，中国移动发布新的3G业务标识和业务宣传口号，在"引领3G新生活"的新口号当中，一种积极的态度呼之欲出，丝毫不提责任，没有了消极态度。中国移动作为TD产业链的核心，摆开积极发展TD业务的态势，为产业链其他各环节企业释放出强有力的信号，随着TD相关采购合同的发出，TD产业链的成熟也在2009年有了一个飞跃性的突破。

我们可以推断，当行业监管部门对企业施加影响，要求企业注重环境生态保护、注重企业社会责任、参与更多社会事业，要求企业通过拉动投资和就业、带动产业链发展时，企业的管理者是必须要给予充分的重视的。而实际工作中我们也可以观察到大型企业，尤其是电信运营企业每年的工作报告都会以消化学习吸收政府有关部门的工作要求，在此基础上形成自己的行动计划，而这些行动的贯彻和落实又会推进企业在环境、经济和社会方面的平衡发展。由于央企规模庞大，如果没有对政府工作要求的领会和精神传达，是较难转化为企业的实际行动的，因此，行业监管约束往往通过企业的战略选择来实现影响。基于前述的理论观点和产业观察后的结论，可以形成如下假说：

① 行业监管约束对企业可持续发展绩效具有正向的影响；

② 行业监管约束对企业可持续发展绩效的影响是通过企业可持续发展战略选择实现的。

（2）"客户要求"对企业可持续发展战略选择及绩效的影响假说。

由于企业担心会对客户的购买行为产生消极影响，企业往往也十分重视客户要求。Huang（2001）发现，企业不道德行为将损害消费者的信任、感知公平和承诺，导致消费者的购买意愿降低。消费者更愿意支持那些对社会和环境负责任的公司（Creyer和Ross，1997；Ellen等，2000，Sen和Bahattacharya，2001）。自从安然和Worldcom公司的财务丑闻曝光后，89%的美国消费者表示他们比以往任何时候都更加关注企业的道德问题（Webb，Mohr，Harris，2008）。Gjldac Robert（1994/1995）对美国消费者的一项实证研究表明，约有58%的消费者会拒绝购买那些社会责任形象较差的企业的产品，即使它们的价格可能比其他企业的产品更有优势。这说明企业的社会责任行为对消费者行为有积极的影响，在产品的价格和质量相差不大的情况下，消费者更愿意购买社会责任形象好的企业的产品。Lois A. Mohr 和 Debohar J. Webb（2005）的工作也证实了这一结论：美国企业在环保方面的社会责任活动对消费者的购买行为的影响超过了价格。

由于社会责任可以增加消费者购买企业产品的意愿（Brown 和 Dacin，1997；Sen 和 Bahattacharya，2001），从而会对企业绩效产生正向影响（Ruf 等，2001；Simpson 和 Kohers，2002）。因此，企业会倾向于承担一定的社会责任，更多地关注可持续发展。就电信企业而言，客户对电信运营企业的要求既有保持通信畅通、改善客户服务质量、合理降低资费、满足个性化需求等关于通信信息服务的基本要求，也有对环境和社会负责任的高层要求。

因此，可以形成如下假说：

① 客户要求对企业可持续发展绩效具有正向的影响；

② 客户要求对企业可持续发展绩效的影响是通过企业可持续发展战略选择来实现的。

（3）"产业上下游要求"对企业可持续发展战略选择及绩效的影响假说。

在产业链中，战略互动、协同价值实现方式所产生的结果，不仅是一种经济性的价值体现，更在于一种制度性的关系价值反映。企业与其上、下游伙伴之间的合作，是一种服务供应链，是存在于制度化的环境中，是制度化的组织。组织之间关系的合法性能加强组织之间的关系和成员企业的知名度，进而增强该企业的发展机会及获取关键资源或战略优势的能力，因此组织之间关系的合法性能影响联盟的绩效和成员企业的绩效（M T Dacin，C Oliver，和 J Roy，2007）。

随着数据业务兴起，信息通信服务的复杂性大大提高，运营商越来越需要借助于合作伙伴的力量，通信市场竞争已经由运营商"单一竞争"转向产业价值链"集群竞争",因此合作的重要性越来越大;在这样一种产业链或者说服务供应链中,供需之间不再是简单的上下游关系,而是一种互动的、相互协调和共同创造价值的依存关系。相应的,产业上下游合作伙伴对于运营商在可持续发展战略的制定和实施方面也拥有越来越重要的影响力。

目前,产业上下游合作伙伴对于电信运营企业的要求,主要体现为要求扩大合作、改进合作管理、合理的分成模式与共同的成长,也就是更关注经济和社会方面的因素。可以形成如下假说:

① 产业上下游要求对企业可持续发展绩效具有正向的影响;

② 产业上下游要求对企业可持续发展绩效的影响是通过企业可持续发展战略选择实现的。

(4)"社会公众和媒体要求" 对企业可持续发展战略选择及绩效的影响假说。

媒体在社会活动的动员方面起着重要作用。媒体成为制度建构过程中的一部分,塑造着可持续发展时间的可接受性和合法性的规范(Bansal,2005)。根据Simon(1992)的观点,媒体是环境方面信息的主要来源。媒体不仅对塑造规范起积极作用,也通过选择报道和描述相关事件来反映修饰过的公众价值观。有实证研究表明,媒体会影响企业环境保护反应行动。(Bansal 和 Clelland,2004;Bansal 和 Roth,2000;Bowen,2000;Henriques 和 Sadorsky,1996)。媒体在一定程度上代表着公众的观点。媒体曝光率提高企业被关注的程度,激起对企业更多的审视。如果媒体发觉企业有一些不可接受的行为,负面报道的威胁会对企业形成强制压力,使其承诺采取可持续发展行为。另外,负面报道也会使得环保团体和其他的利益相关者游说组织和政府改变商业行为。因此,可以形成如下假说:

① 社会公众和媒体要求对企业可持续发展绩效具有正向的影响;

② 社会公众和媒体要求对企业可持续发展绩效的影响是通过企业可持续发展战略选择来实现的。

(5)"其他企业示范"对企业可持续发展战略选择及绩效的影响假说。

企业会积极地试图通过模仿相类似企业的结构和行为来减少组织环境的不

确定性（DiMaggio 和 Powell，1983）。Bansal（2005）指出：通过模仿，企业可以充分利用同类企业的成功经验。企业倾向于模仿其他企业容易看到的、易于定义的行为，例如环境审计和环境管理认证体系，尤其是这些行动已经被披露给外部知晓。模仿同类公司的企业，不太容易遭到公开的、政治上或财务上的制裁，因为正在进行同样实践行动的其他企业已经获得该行动的合法性。对于电信运营企业来讲，作为国资委管理的大型央企之一，其他大型央企的行为对其具有示范意义。如果其他大型央企制定并实施了可持续发展战略，就会在公众、政府监管部门、媒体等形成认知合法性，使得电信运营企业也有动力模仿该类行为。而对于电信运营企业集团公司下属的某个子公司，如果其他子公司均纷纷制定、实施了可持续发展战略，那么该子公司就会感受到压力，即认知合法性带来的制度压力。因此，我们可以形成如下假说：

①其他企业示范对企业可持续发展绩效具有正向的影响；

②其他企业示范对企业可持续发展绩效的影响是通过企业可持续发展战略选择实现的。

# 第4章　研究设计与数据收集：以中国移动31个省公司为研究对象

## 4.1 变量测量

### 4.1.1 企业可持续发展的内容分析法

#### 4.1.1.1 内容分析法的含义和特点

内容分析法，最早产生于传播学领域，是对文本内容做客观而有系统的量化分析，并对量化结果加以描述的一种研究方法。有四个基本特征：第一，分析的对象是文本内容；第二，分析的内容具有客观性；第三，分析的过程具有系统性；第四，分析的结果是数量化。

内容分析法不同于文献分析，这在分析对象、内容处理、分析程序及结果表述上，都有着体现。如表4-1所示：

表4-1　内容分析与文献分析的区别

|  | 文献分析 | 内容分析 |
|---|---|---|
| 分析对象 | 对某课题一系列文献的分析综合 | 直接对单个样本作技术性处理 |
| 内容处理 | 鉴别评价文献内容，并作归类整理 | 把内容分解为分析单元，断定单元所表现的客观事实 |
| 分析程序 | 文献查阅、鉴别评价，归类整理 | 预先制定分析类目，并按顺序作系统评判记录 |
| 结果表述 | 对事实资料作出评述性说明 | 定量的统计描述 |

内容分析法是对被记载下来的传播媒介的研究，其内容可以包括书籍、杂志、网页、诗歌、报纸、歌曲、绘画、讲演、信件、电子信息、网络上的布告、法律条文和宪章，以及其他类似的成分或集合。内容分析法的分析对象，不仅包括媒介中的显性内容（即可见的表面内容，是与内容分析法相关的传播媒介中所包含的有形的词），也包括隐性内容（即与内容分析法相关的、传播媒介中所隐含的意义）。艾尔·巴比认为，隐形内容一般是间接通过外在信息中表现出来的这些事件现象或过程的特征、性质。

Holsi（1965）曾指出，内容分析法特别适合于三种研究状况：第一，研究数据收集困难，或是所需要的资料被限制在文本资料中。尤其是，当我们需要追溯分析时，问卷调查、面谈等方法已经不可能。第二，得到了一些能够说明一定理论的数据，查找这些数据对象本身的文字信息便非常重要，即需要通过文字信息去分析数据背后的故事。第三，当被调查的内容涉及一些微妙或敏感或复杂的问题时，通过有关的报纸、杂志、电台、文件等的内容分析则可以获得揭示事件真实面目的信息。

早在20世纪70年代，在企业社会责任领域便有学者使用这一方法，多年来关于内容分析法在企业社会责任、企业可持续发展领域的研究屡见不鲜。例如：

Bowman 和 Haire（1975）曾经分析了美国的82家食品企业的年度报告，用属于企业社会责任的内容在企业年度报告中所占的百分比来确定企业社会责任水平。这种测量已经开始对企业社会责任的定量分析。

Walversity F Abbott 和 R Joseph Monsen（1987）根据 Emst（1978）的分类，对企业年度报告中有关企业社会活动的内容，进行了分类和编码。采取的方法是，出现一条相关的内容就得1分，没有则为0分，最后总分为该企业的社会责任得分。这样，就使得企业社会责任的披露这一定性的内容得到了部分定量化的处理。

Bansal（2005）针对访谈内容和年报，对企业可持续发展的行为进行了识别，对企业在促进环境完整、经济繁荣和社会公平方面采取的行为分别提出了标准，根据每个企业的情况对每一条标准判断是否符合，符合则为

"1"，不符合则记为"0"，从而通过内容分析将定性资料转化为定量的结构化数据。

由此可见，在内容分析法被运用于企业社会责任和企业可持续发展研究的几十年时间里，逐渐地由定性向定量转化，并不断地被发展和完善。

#### 4.1.1.2 内容分析的步骤

内容分析包括以下几个方面的工作：

（1）内容抽样，确定分析对象。先是确定分析对象：一是决定被分析的文档资料，如年度报告、报纸的文章、政府的法令法规、企业的声明、企业对外的致辞等；二是决定分析文档资料的什么内容。然后是抽样，分为对来源抽样、日期抽样和单元抽样。

（2）确定分析类目与分析单元。分析类目表是根据研究的需要预先制定好的。分析类目表由类目和分析单元两部分组成，类目是根据研究假设的需要对内容进行分类的项目，分析单元是内容分析时进行评判的最小单位。

（3）评判记录，取得量化结果。按照预先制定的类目表，以分析单元的顺序，系统记录各类目出现的事实和频数。为了提高信度，宜多人进行评判记录。

（4）信度分析。信度是指两个以上参与内容分析的研究者对相同类目判断的一致性。内容分析必须经过信度分析，才能使内容分析的结果可靠，可信度得到提高。

（5）结论描述。以定量的方式对统计结果进行描述，并在定量的基础上辅以定性方法加以深入分析和推断。

## 4.1.2 自变量的测量

### 4.1.2.1 "行业监管约束"的测量

该自变量所测量的制度合法性是规制合法性，主要来自电信行业监管机构，也有少数专业机构（如环境保护组织）和电信行业协会，来自这些部门所制定的规章、制度。如果企业的行为完全符合这些规章制度，那么企业在其外部利益相关者眼里也就相应具备了规制合法性（Deephouse，1996）。但是，规制合法性不仅来源于企业对可能受到的上级主管部门的制裁做出的反应，而且还来源于更宽泛的对法律法规的服从。

Bansal（2005）对行业监管约束的测量，是以"Fines and penalties"来衡量的，将企业在本年和上年被 CEPA（Canadian Environmental Protection Act）和 CFA（Canadian Fisheries Act）罚款的次数，以及在年报中披露的相关处罚次数，进行加总。在国内的电信行业，电信运营企业被通信管理局等相关机构正式处罚的次数，虽然可以反映行业监管约束的强弱，但这些处罚只是反映了行业监管机构对企业可持续发展的一小部分要求。电信运营企业被处罚的原因往往是不正当竞争，而关于可持续发展的其他要求——例如，促进环境完整、承担更多的普遍服务义务、带动行业整体发展等，都不能从处罚次数中反映。而且，在中国有着特殊国情，与企业可持续发展相关的制度并不如西方发达国家那么完善，包括对环境保护、普遍服务、员工权益保障、客户权益保障等的制度规范都还相对薄弱，例如，"村通工程"这种普遍服务工作更多的是靠行政命令，客户的隐私保护还有待进一步立法保护。又如，国内监管机构喜欢以会议形式来宣贯自己的要求、下达对电信企业的指令；同时，电信运营企业也往往通过邀请监管机构领导出席内部会议或者召开研讨会的形式，来表明自己对于政府监管要求的服从。因此，政府对于企业的要求往往不是完全从规章制度、从直接处罚中反映的。

出于以上考虑，借鉴国外学者的研究方法，本研究选择行业权威媒体，对来自权威媒体的报道进行内容分析，分析对企业在环境、经济、社会三个方面的要求，统计权威媒体对此要求的报道数量，来测量该自变量。因为无论是电信监管机构制定规章制度，还是通过会议宣贯监管要求，抑或是进行专项检查行动，通常都会见诸报端。我们通过统计这些报道的次数，可测量行业监管约束的大小。

在分析权威媒体报道时，行业监管机构对企业在环境、经济、社会三个方面可持续发展的要求，笔者先选取部分样本数据、阅读这些样本，总结出了如下关键点：

表4-2    行业监管机构对电信运营企业可持续发展的要求

| 维度 | 关键点 | 具体内涵 |
|---|---|---|
| 环境方面 | 促进绿色环保事业 | ● 参与环保、节能减排 |
| 经济方面 | 引领行业发展 | ● 促进整个社会的通信普及应用，包括提供更多的信息化业务、发展更多的客户<br>● 国有资产的保值增值、对国民经济的贡献 |
| 社会方面 | 客户满意 | ● 提供优质的产品、服务给广大用户<br>● 减少客户和公众的投诉 |
| | 配合政府工作重点 | ● 支持政府在不同时期的工作重点<br>● 利用移动平台协助政府工作<br>● 积极与政府进行沟通 |
| | 公平、非垄断、和谐竞争 | ● 带动行业整体发展<br>● 与同业者互相促进、共同发展 |

对行业监管机构而言，其关注点主要集中在引领行业发展、客户满意、配合政府工作与和谐竞争四个方面。首先，行业监管机构认为中国移动应发挥在行业中的领导地位，在提升行业价值，实现信息化社会方面作出贡献。对于中国移动这样行业内规模最大的运营企业，政府对中国移动寄予了较高的期望，希望中国移动能够继续发挥、扩大自身的影响力，继续推动通信产业的全面发展，其中关键的是"带领整条产业链一起发展"。这一点在TD-SCDMA这一具有自主知识产权的标准发展上体现得尤为明显，政府官员多次表态要求中国移动担负起领导产业发展的重任。其次，行业监管机构也重点关注中国移动的通信服务水平和客户权益保障。不断提高服务水平，为更广大客户提供服务、减少投诉是政府对通信企业的普遍期望。再次，由于通信信息化平台的特殊作用，行业监管机构也希望中国移动能够利用通信技术和应用，发挥通信平台的优势，支持政府在不同时期的工作重点，利用通信平台为政府工作的落实开展提供有力的保障。最后，行业的和谐竞争也是监管的重点，站在行业利益的角度，行业监管机构希望中国移动可以倡导、带领一个和谐的行业竞争格局，与同业者互相促进、共同发展，减少不正当竞争行为，加强同业者之间的沟通与合作，实现良性竞争。总的来讲，行业监管机构期待电信运营企业引领整个行

业和谐发展，同时满足社会和民众的相关需求。

在正式开始对样本数据进行编码之前，这样的小样本分析和总结，是非常有必要的，是作为编码的工作指引。在对样本数据进行人工处理、做内容分析时，就是围绕这些关键点，从大量的报道中筛选出行业监管机构对电信运营企业可持续发展的要求并进行编码。

借鉴其他学者测量制度合法性动因的方法，笔者认为应该将表达了行业监管约束的报道数量加总，作为对该变量的赋值。

## 4.1.2.2 "客户要求"的测量

Creyer 和 Ross 研究发现，在企业社会责任活动中，消费者会重视所感知到的企业社会责任与其自身的关联。消费者的社会责任需求会受其自我利益的支撑，人们总是会更偏爱使自己受益的社会责任活动。郭红玲（2006）的调查表明，中国消费者对企业的四种社会责任重要性的排序结果依次是：首先是法律责任，经济责任，伦理和慈善责任。在消费者眼里，经济责任与法律责任差不多是同等重要的。

从客户的角度来看，客户期待电信运营企业能够提供更高质量的用户体验、全方位的用户保护和更贴心的产品。具体体现为：①通话和终端质量。包括网络信号质量、高质量和多样化的移动终端。②合理收费。包括合理的资费标准、无乱收费。③用户隐私保护。包括杜绝垃圾短信的侵扰、避免用户个人信息泄露。客户认为，中国移动作为拥有广大客户、在行业中具有主导地位的通信企业，有责任在保护客户权益方面做出更积极的贡献，通过有效的内部管理流程和外部合作机制来保护广大客户的权益。④优质服务。包括优质的客户服务、对业务的深度理解和提供帮助、对客户的关怀。⑤贴近民生产品服务。提供以不同细分客户需求为出发点的产品及服务。这一分析观点也与前述郭红玲（2006）的调查相符，即客户主要看重的是经济和法律责任的履行，对企业的要求主要集中在搞好自身生产经营活动、诚信经营上。

客户对电信运营企业的这些要求，只能以市场行为、通过货币选票，来迫使企业诚信经营、提供高质量的产品与服务等。即客户是通过消费购买行为来施加影响的，其制度化的过程是客户选择或不选择电信企业服务来实现的。从电信运营企业的角度来看，客户是否选择自己的服务，即"客户认可"的程度，最直接的测量依据是客户规模的增长和流失情况。

因此，笔者使用指标"客户规模的增长率"来测量来自客户的制度性压力。这个指标的计算为：（本期客户规模/上一期客户规模）−1。

### 4.1.2.3 "产业上下游要求"的测量

产业上下游的合作伙伴对包括中国移动在内的电信运营企业的要求主要体现为期待中国移动引领整个产业链发展，成为值得信赖的共赢伙伴。

笔者在分析权威媒体报道时也先选取部分样本数据、阅读这些样本，总结认为产业上下游对电信运营企业可持续发展的要求包括如下关键点：

表4-3　产业上下游的合作伙伴对电信运营企业可持续发展的要求

| 维度 | 关键点 | 具体内涵 |
|---|---|---|
| 经济方面 | 战略前瞻性 | ● 明确的市场潜力<br>● 有前瞻性的规划和长期战略<br>● 合作开拓市场 |
| | 公平的、深层次合作 | ● 长期战略伙伴关系<br>● 共担风险共享收益<br>● 合作为客户提供多元化的增值服务<br>● 超出简单"买卖"关系的深度合作 |
| 社会方面 | 对合作伙伴的开放性、管理方式的改进 | ● 提高透明度，信息分享<br>● 知识、技术共享<br>● 充分利用合作伙伴的优势资源 |

对价值链伙伴而言，其关注点主要集中在规划前瞻性、公平、深度的合作和信息开放性三个方面。首先，为了提高合作的效率与共同开发高价值的业务，产业上下游的伙伴需要中国移动能够做好前瞻性规划，并与价值链伙伴及时沟通，从而提高合作伙伴的效率、提升合作效益。其次，产业上下游的合作伙伴通常都希望建立起同中国移动的战略联盟，改变以往简单的买卖关系，与

中国移动进行更深入的合作，用创新的合作模式为消费者提供创新的产品，共同承担风险、分享收益，通过协同合作的态度和体系化的努力为客户提供多元化的服务。最后，从合作的过程管控来看，产业合作伙伴非常需要中国移动提高信息的共享性与开放性，以减少合作方的不确定性。

借鉴其他学者测量制度合法性动因压力的方法，笔者认为应该将表达了产业上下游要求的报道数量进行加总，作为对该变量的赋值。

## 4.1.2.4 "社会公众和媒体要求"的测量

总的来讲，社会公众和媒体期待中国移动同社会和谐发展，并以积极态度建立与媒体的深度伙伴关系。

笔者在分析权威媒体报道时也先选取部分样本数据、阅读这些样本，总结认为社会公众和媒体对电信运营企业可持续发展的要求包括如下关键点：

**表4-4  社会公众和媒体对电信运营企业可持续发展的要求**

| 维度 | 关键点 | 具体内涵 |
|---|---|---|
| 环境方面 | 促进环境保护 | ● 自身关注实施节能减排<br>● 为环保事业提供捐助、促进环保宣传或参与志愿服务 |
| 经济方面 | 合理的收费 | ● 合理的资费标准、无乱收费 |
| 社会方面 | 公平非垄断 | ● 非强势垄断的企业形象<br>● 回馈社会 |
| | 公众满意 | ● 优质的产品和服务<br>● 优秀的社会声誉 |
| | 对媒体的开放性 | ● 畅通的沟通机制<br>● 积极的态度<br>● 与媒体的深层次合作 |

媒体及普通公众的关注点主要集中在改善强势垄断的社会形象、公众满意和良好的沟通机制三个方面。首先，从笔者多年的电信行业咨询项目所做多项客户调查来总结，社会公众普遍认可中国移动目前的市场地位，认为中国移动获得今天的市场地位是良好的企业能力、优质的产品和服务的必然结果。但同

时，过分强势的垄断地位也造成了社会公众的逆反心理。社会公众希望中国移动一方面能够持续提升企业的能力，继续为大家提供优质的产品和服务，另一方面能够改善强势垄断的社会形象。其次，社会公众在中国移动对社会的贡献方面寄予了较高的期望，期望中国移动能够为社会公众提供质量优良、价格合理的通信服务，同时积极履行各种社会责任，树立负责任的企业社会形象，切实保障社会公众的权益。最后，社会公众希望中国移动建立良好的沟通机制，与社会公众进行更深入的沟通。通过媒体宣传、人员接触、社会活动等多种形式实现与社会公众的沟通，及时了解社会公众的期望，收集社会公众的意见，了解社会公众的需求。

借鉴其他学者测量制度合法性动因压力的方法，笔者认为应该将表达了社会公众和媒体的报道数量进行加总，作为对该变量的赋值。

## 4.1.2.5 "其他企业的示范"的测量

对于模仿机制，在制度合法性中有诸多学者曾从理论上进行详细描述。在本书的文献概述部分也提到过。总结学者们对模仿机制的逻辑描述，笔者发现可从两个视角来分析模仿机制产生的影响：第一，将企业的模仿行为设为0-1变量，采用一定的标准来判断是否有模仿行为。例如，Bansal（2005）对模仿（mimicry）的测量。第二，从行为重复次数来看产生的模仿诱因及影响力。例如，Fligstein（1985）通过实证发现一项行业实践被超过20%的企业采纳时，其他企业很可能也会采纳这项实践。

本书期望从动态的视角来研究企业可持续发展实践的模仿，因此更适合从行为重复次数来看其他企业的示范作用，分析对企业采取模仿行为的作用。

本书对"其他企业的示范"这一变量的测量，是针对每一样本对象计算其他企业的可持续发展实践被报道的次数来测量。这里所指的"其他企业"要根据样本对象的法人性质来界定：对于电信运营企业集团的子公司而言，集团内其他子公司的行为示范是影响最大的示范因素，例如，对于中国移动集团公司而言，诸如中国电信、中国联通及同为国资委管理下的其他大型央企（如中国石油天然气股份有限公司、中国工商银行等企业）的可持续发展实践，是其应该关注和类比的行为；而对于中国移动集团的子公司之一——浙江移动分公司而言，诸如广东移动分公司、江苏移动分公司、上海移动分公司等其他子公司的可持续发展实践，会比中国电信、中国石油等公司更能引起浙江公司的关注。换句话说，企业会找与自己在"同一层次"的对象进行类比和模仿。因此，在以中国移动31家省公司为研究对象的实证研究中，对"其他企业的示范"这一变量的测量是针对每一样本对象，加总计算其他30家省公司的可持续发展实践被报道次数，作为对该变量的赋值。

## 4.1.3 中介变量的测量

"企业可持续发展战略选择"这一中介变量，也需要用内容分析法来进行测量。

从前文对于Bansal（2005）在企业可持续发展方面的测量标准、GRI可持续发展指标体系和道琼斯企业可持续发展指数的评估指标体系中，可以总结归纳出如表4-5所列的企业可持续发展战略的关键点。而从每一项关键点出发，结合电信行业生产和运营的特点，提出细分的标准。

表4-5 企业可持续发展战略的关键点

| 维度 | 可持续发展战略的关键点 | 由关键点分解出的标准 |
| --- | --- | --- |
| 促进环境完整 | 减少生产过程中对环境的伤害 | (1) 节能减排，包括企业生产办公等的能源使用量减少<br>(2) 设备升级以降低电磁辐射<br>(3) 循环利用能源及材料<br>(4) 废弃物的合理回收 |
| | 对环境事业的捐赠与志愿行动 | (1) 为环保机构提供捐赠<br>(2) 促进环保知识的传播 |
| 促进经济繁荣 | 提高投入产出比 | 降低运营成本 |
| | 带动产业繁荣等外部效应 | (1) 业绩成长、促进经济繁荣<br>(2) 扩大就业<br>(3) 带动产业发展 |

续表

| 维度 | 可持续发展战略的关键点 | 由关键点分解出的标准 |
|---|---|---|
| 促进社会公平 | 服务的改进和提升 | 改进产品质量和服务 |
| | | 落后地区与弱势群体的普遍服务 |
| | 参与社会公益事业 | （1）提供社会公益事业捐赠<br>（2）志愿者行动<br>（3）应急通信与社会安定 |
| | 员工关爱与成长 | 员工福利与成长 |
| | 产业合作的公平与开放 | 行业规范发展 |

　　根据表 4-5 所列的分解标准，本研究进一步结合电信运营企业的特点，从战略选择的视角进行细化，提出了对于电信运营企业可持续发展战略选择的测量标准。如表 4-6 所示：

表 4-6　企业可持续发展战略选择的测量

| 环境完整 | 经济繁荣 | 社会公平 |
|---|---|---|
| （1）提出建设节约型企业、促进节能减排的目标<br>（2）提出加大对设备升级的投入以降低电磁辐射<br>（3）提出减少生产活动对能源等原材料的使用量<br>（4）提出回收旧设备重新利用<br>（5）提出回收并处理废弃电信设备及配件<br>（6）提出为环保机构提供捐赠<br>（7）提出开展环保知识宣传和培训 | （1）提出降低运营成本、提高投入产出比<br>（2）提出通过信息化服务促进社会经济繁荣<br>（3）提出收入或利润增长目标（包括业务创新与促销拉动消费）<br>（4）提出支持政府经济建设，扩大就业<br>（5）提出带动产业发展壮大与共赢 | （1）提出改进产品质量和服务的举措<br>（2）提出为社会公益事业提供捐赠<br>（3）提出开展志愿者行动、直接参与社会公益事业<br>（4）提出扶持落后地区的电信事业发展<br>（5）提出为语言障碍者、文盲、缺乏教育、残疾人和老年人提供电信产品和服务<br>（6）提出提高应急通信保障水平<br>（7）提出加大力度建设良性通信文化，以及提高网络安全水平<br>（8）提出廉洁自律、反对商业贿赂<br>（9）提出提高员工福利保障、促进员工学习成长<br>（10）提出促进产业规范发展，例如，治理垃圾短信、保护客户隐私、打击淫秽色情内容传播等<br>（11）提出有序竞合、引领产业发展<br>（12）提出促进社会安定与和谐社会建设 |

本研究中对这一中介变量的测量方法是，对每年公司工作提出的工作目标、对外公布的发展战略的报道做内容分析，统计所满足的标准的数量，作为对该自变量的赋值。即每满足一条标准则记为"1"，否则记为"0"，而所满足的标准数量要除以该方面所有的标准数量。例如，如果一个企业的战略选择满足环境方面7条标准中的3条、经济方面5条标准中的1条、社会方面12条标准中的5条，那么其战略选择这一变量的赋值就等于（3/7+1/5+5/12）。这种方法是直接借鉴了Bansal（2005）提出的对企业可持续发展的定量研究方法。

## 4.1.4 控制变量的测量

### 1. 企业规模

一般对企业规模的考虑会使用对总资产的自然对数或者年度销售收入来衡量。本研究中，出于三点原因考虑使用企业年度销售收入总额作为衡量指标：第一，数据可获得性；第二，电信运营企业集团公司出于业务发展和管理的需要，在不同子公司之间偶尔有资产的划拨，那么如果对集团公司的子公司进行实证研究，为了使总资产数据更加真实地反映子公司的实际运营使用资产，就存在会计调整的问题，而这项工作过于复杂；第三，在集团公司管理的角度，往往是根据子公司的收入规模来进行子公司之间的总体排名。例如，中国移动集团根据31省公司的年度收入规模进行总体排名并将共纳入关键考核指标中。

### 2. 财务表现

使用企业的净利率作为衡量指标。净利率是指企业实现净利润与销售收入的对比关系，用以衡量企业在一定时期的销售收入获取的能力，计算公式为：（净利/销售收入）×100%。

### 3. 企业内部"资源配置要求"的测量

前已述及，集团公司对子公司的资源配置要求是指集团公司在子公司特定贡献水平下对子公司的资源投入。如果子公司的贡献相对小，而获得的集团公司资源相对多，说明集团公司对子公司的要求低、子公司压力小；反之，如果子公司的贡献相对大，而获得的集团公司资源相对少，说明集团公司对子公司的要求高、子公司压力大。

根据中国移动集团公司的实际情况——集团公司对子公司的资源投入主要体现在"资本开支"这一指标上，这是由电信行业特点决定的。电信行业的网络建设等固定资产投资规模巨大，有着明显的投资拉动特点，每个运营企业几乎都是要将收入的15%—30%投入固定资产上（在2000—2003年中国电信业处于网络的大投资、大发展阶段，运营商的资本开支占收入的比例甚至会高达30%—40%）。

而贡献可以体现为收入、税前利润、净利润等指标。由于税前利润、净利润是剔除了资本开支形成固定资产后计提的"折旧和摊销"，并且每年都有可能受到诸如税收政策变更等例外会计事项的影响。因此，笔者认为用收入总额作为贡献的衡量更有利于不同公司之间进行对比。所以，使用指标"资本开支/收入总额"来衡量集团公司在子公司特定贡献水平下对子公司的资源投入，即测量集团公司对子公司的资源配置要求。

## 4.1.5 因变量的测量

对电信运营企业可持续发展绩效的测量，在第二章的文献综述中笔者也提到，企业可持续发展绩效的测量还存在不同意见。有两种做法，一种是可以采用类似中介变量"企业可持续发展战略选择"的方法，即根据一定的测量标准、判断企业符合标准的条数，这种做法也是企业可持续发展研究者们更赞同的观点。另一种方法，就是单独测量环境绩效、经济绩效和社会绩效，分别选择不同的指标来衡量。这种测量方法，有其优点和理由：第一，从文献回顾中可以看到在不同的时间阶段企业可持续发展的内涵是在演变，因此可以推断经济、社会、环境三方面的重要性在不同的阶段受到的重视程度不同，同时，显然任何一项战略选择或者说行动对于企业在经济、社会、环境三方面的影响程度都很难完全一样。这样，就带来对独立测量制度合法性动因对于企业在经济、社会、环境三方面绩效的影响的必要性。第二，大量的绩效研究都选用财务指标，这样的研究也更能引起企业的关注、更容易让人接受，且财务指标的可信度高，相比利用内容分析法得出的判断结果，更加客观。

但是，如第二章的文献概述中将CSR与CS理论演技进行对比，企业可持续发展理论还是更坚守对于经济、社会、环境三方面的平衡考虑。所以，我们对于企业可持续发展绩效还是采取第一种理念来测量。但即便要将三方面的表现整合起来得出对可持续发展绩效的评判，我们也是要分别探讨企业在环境、经济和社会三方面的绩效测量。

### 4.1.5.1 企业的环境绩效的测量

对于企业的环境绩效，可以通过做内容分析，统计所满足的标准的数量，作为对该自变量的赋值。即每满足一条标准则记为"1"，否则记为"0"，加总计算每个样本对象满足的标准的条数，作为对该样本对象在该自变量的赋值。企业的环境绩效的判断标准如下：

① 加大对设备升级的投入以降低电磁辐射。

② 减少生产活动对能源等原材料的使用量。

③ 回收旧设备重新利用。

④ 回收并处理废弃电信设备及配件。

⑤ 为环保机构提供捐赠。

⑥ 开展环保知识宣传和培训。

### 4.1.5.2 企业的经济绩效的测量

经济绩效的两种测量：

（1）利用财务指标。

关于企业社会责任和企业可持续发展领域常用的财务绩效指标，各种文献使用标准不一致：Pava、Mosesl、Krausz、Joshua（1996）分析了21篇相关文献，发现使用了不同的财务绩效指标。

这些指标包括市场收入、市场利润、股价盈余、净资产收益率、资产利润、净资产利润、净资产负债、市场风险指标、销售收入增长率、主营利润增长率等。在这些财务指标中，最常用的有净资产利润、销售收入、市盈率、反映收益的增长率的指标，既有总量指标也有增量指标。笔者认为，总量指标受企业总资产规模影响较大，难以精确反映不同企业状况，用反映增长率方面的指标可能更好，因为它可以避开因基础不同而产生的增量的绝对数的差异。

企业的可持续发展战略行为，有相当部分并非能够马上获益，而是希望能在今后发展中得到更多的社会支持，包括获取制度合法性带来社会和政治支持。这一观点，也可以从中国企业社会责任中心的一项对企业管理者的调研中得到证实。在问及企业社会责任会给企业带来什么时，有90%的回答者认为会给企业带来长期的利益。这说明，企业履行社会责任是寄希望于增加未来的收益的。因为，履行社会责任要近期付出成本，而这种成本很可能不能马上带来当期财务利润，需要以后收益的增加来弥补。因此，笔者认为在分析企业社会责任与财务绩效的关系时，选用表现企业成长能力的指标比较合适。所以，表现企业成长能力的财务指标即主营收入增长率、净利润增长率、总资产增长率、股东权益增长率、主营利润增长率5项指标可用来作为企业相关财务绩效的指标。

（2）内容分析法得出评判结果。

制定企业的经济绩效标准，可以通过做内容分析，统计所满足的标准的数量，作为对该自变量的赋值。即每满足一条标准则记为"1"，否则记为"0"，加总计算每个样本对象满足的标准的条数，作为对该样本对象在此自变量的赋值。企业的经济绩效的判断标准如下所示：

① 开展降低运营成本、提高运营效率的活动；

② 通过信息化服务促进社会经济繁荣；

③ 扩大公司收入来源、提升公司效益（包括业务创新与促销拉动消费）；

④ 投资促进地方经济建设和就业，增加雇佣员工数量；

⑤ 产业合作形式多样化（包括扶持产业链薄弱环节），带动产业链的合作共赢等。

通过内容分析法得出评判结果的方法，是研究企业可持续发展时应该采取的方法。在本研究中，也采取了这种方法。

## 4.1.5.3 企业的社会绩效的测量

与环境绩效的测量类似，对社会绩效也通过做内容分析，统计所满足的标准的数量，作为对该自变量的赋值。即：每满足一条标准则记为"1"，否则记为"0"，加总计算每个样本对象满足的标准的条数，作为对该样本对象在此自变量的赋值。

本研究用下列标准来测量企业的社会绩效：

① 改进产品质量和服务水平，提供更便利的服务。

② 为社会公益事业提供捐赠。

③ 开展志愿者行动，直接或利用信息化平台参与社会公益事业。

④ 加大对落后、边远地区电信事业发展的投入。

⑤ 为语言障碍者、文盲、残障人士、老年人和贫困者等弱势群体提供特殊的电信产品和服务。

⑥ 重视应急通信保障，包括执行应急通信保障、加强演练、增加应急通信保障投入等。

⑦ 加大力度处理不良网络信息，改进管理手段，以及提高网络安全水平。

⑧ 加强廉洁自律、反商业贿赂教育，以及实施更严格的管理规范。

⑨ 为员工提供更多的福利保障措施和学习成长机会，鼓励员工成长。

⑩ 加强对产业链合作伙伴的管理力度，改进管理方式和手段。

⑪通过与监管部门配合，维护行业的有序竞争，减少不正当竞争行为。

⑫ 配合政府促进社会安全和稳定，包括进行和谐社会宣传教育工作，以及利用信息手段进行社会安保工作。

⑬ 因参与公益、维护社会安定、促进社会信息化等而获得表彰与认可。

### 4.1.5.4 企业可持续发展绩效的测量

在分别提出环境、经济和社会方面的绩效衡量标准之后，分别完成对这三方面的绩效评价（统计所满足的标准的数量，作为对该自变量的赋值）。即：每满足一条标准则记为"1"，否则记为"0"，加总计算每个样本对象满足的标准的条数，作为对该样本对象在此自变量的赋值。

将三方面整合起来得到企业可持续发展绩效的方法很简单，就是分别将满足标准的条数除以总条数，再将分数相加。例如，某企业在环境、经济和社会方面分别满足第 2、3、7 条标准，那么，它的可持续发展绩效计算式为：2/6+3/5+7/13。这种方法是 Bansal（2005）在对企业可持续发展进行研究时使用过的。

# 4.2 研究对象和数据来源

## 4.2.1 研究对象简介

1. 中国移动通信集团公司

中国移动通信集团公司（简称"中国移动"）于2000年4月20日成立，注册资本为518亿元人民币，截至2008年9月30日，资产规模超过8000亿元人民币，拥有全球第一的网络和客户规模，是北京2008年奥运会合作伙伴和2010年上海世博会全球合作伙伴。

中国移动全资拥有中国移动（香港）集团有限公司，由其控股的中国移动有限公司（简称"上市公司"）在国内31个省（自治区、直辖市）和香港特别行政区设立全资子公司，并在香港和纽约上市。目前，中国移动有限公司是中国在境外上市公司中市值最大的公司之一，也是全球市值最大的通信公司。

中国移动主要经营移动话音、数据、IP电话和多媒体业务，并具有计算机互联网国际联网单位经营权和国际出入口局业务经营权。除提供基本话音业务外，还提供传真、数据、IP电话等多种增值业务，拥有"全球通""神州行""动感地带"等著名客户品牌。

在中国移动集团网站上，介绍自己是：以"做世界一流企业，实现从优秀到卓越的新跨越"战略为指引，以科学发展观为指导，努力实现企业经营与社会责任的高度统一，致力于实现企业在经济、社会与环境方面的全面、协调、可持续发展，不断创造丰富价值，实现和谐发展。并且，中国移动是联合国全球契约（Global Compact）正式成员，认可并努力遵守全球契约十项原则，并加入该组织倡导的"关注气候变化"（Caring For Climate）行动。2008年，中国移动成为气候组织（The Climate Group）的成员之一，努力在应对气候变化中发挥积极作用。中国移动积极投身社会公益事业，2008年获评"最具公益心的中国企业"。

目前，中国移动的基站超过36万个，客户超过4.5亿户，每月净增客户超过700万户，是全球网络规模、客户数量最多的电信运营企业。

2. 中国移动的31个省公司

中国移动集团公司在每一省设立了全资子公司，这些子公司均是独立法人。

总体上看，31个省公司之间在收入规模、客户规模上存在很大的差距。例如，作为中国移动集团最大子公司的广东移动公司，2008年的运营收入达到591亿元，堪比一家独立的大型A股上市公司。不仅广东移动规模庞大，2008年中国移动除广东移动之外还有13家公司的收入都超过了100亿元。但是，西藏移动公司2008年的收入仅为8.32亿元，青海、宁夏、海南移动公司的2008年收入也仅仅分别为11.73亿元、15.52亿元和26.17亿元。可以说集团内的差距较大。但总体上，各省移动公司都是收入和客户规模较大的公司。

## 4.2.2 样本数据来源

主要数据来源包括：

（1）二手数据来源：行业权威媒体（《人民邮电》报）。主要是从权威媒体收集自变量和中介变量相关的报道，进行内容分析，测量自变量和中介变量。

（2）某咨询公司：主要获取中国移动的31个省公司2004—2008年资本开支、收入、净利率、用户数等数据。

主要数据源的简介：

（1）《人民邮电》报。

《人民邮电》报是行业内最权威的媒体，是信息产业部直属的中国通信产业的权威主导媒体，是我国创刊最早，业界发行密度最大的媒体之一。经过50多年的发展，成为我国通信信息产业的第一大报，成为中外通信业同行增进了解、扩大合作的桥梁和纽带，在国内外通信领域具有广泛影响。《人民邮电》

报现已成为我国通信信息产业的新闻总汇、信息总汇。

《人民邮电》报每周二、三、四、五出版，以合理的频次和密度全面报道通信信息业。每期1—4版为正刊，全方位捕捉第一时间刊发通信产业最新新闻报道。《人民邮电》报每期5—12版为周刊。

《人民邮电》报在主要通信运营企业如中国电信、中国联通、中国移动等企业地市以上公司中建有记者站，在中国通信运营企业中建立了400多人的记者队伍，他们分布在各运营企业，从而保证了《人民邮电》报能够在第一时间内得到准确、权威的信息。

目前《人民邮电》报从2003年1月开始的每期报纸内容都有网络版。

本研究是获取《人民邮电》2004—2008年每一期的电子内容，完整收集后进行整理和编码。表4-10是本研究完整收集的2004—2008年报道内容的统计概况：

表4-10 《人民邮电》2004-2008年报道内容数量统计

| 年份 | 出版的报纸期数 | 报道内容的则数 |
|---|---|---|
| 2004 | 198 | 13895 |
| 2005 | 205 | 12720 |
| 2006 | 203 | 12674 |
| 2007 | 195 | 12968 |
| 2008 | 198 | 13145 |

（2）某咨询公司。

该咨询公司是专注于电信行业的研究咨询机构。其主要业务：为中国本土的电信运营商提供战略规划、业务管理、营销管理、投资管理、成本管理、人力资源管理、组织变革管理、管理信息化、企业文化管理等专项咨询服务；为中国本土电信设备厂商、信息服务提供商提供各类管理咨询服务；为国外公司进入中国市场提供各类管理咨询服务；为政府部门提供各类管理咨询、决策支撑服务；举办信息通信行业管理人员研讨会、行业管理论坛；开展与咨询业务相关的各类培训。

# 4.3 数据采集

## 4.3.1 直接来自企业的数据

中国移动31个省公司的收入总额、净利润、资本开支、客户数等几项指标，是直接从某咨询公司获得。这几项指标经过简单计算，便可作为对变量的赋值。以下是对这几项指标及计算后指标内涵的具体阐述：

（1）客户数。这里指各省移动公司每年的客户到达数，等于（年初客户到达数+年末客户到达数）/2，包括2G、3G客户。在本研究中，使用"客户规模增长率"来测量来自客户的制度性压力。这个指标计算式为：（本期客户规模/上一期客户规模）-1。

（2）收入总额。这里指各省移动公司的"营运收入"，营运收入是指扣除中国营业税后，使用该集团移动通信网络产生的通话费、月租费、增值业务收入及其他营运收入。本研究中将其作为衡量控制变量"企业规模"的指标。

（3）资本开支。即长期资金投入的增加，即购置更新长期资产的支出。各省移动公司的资本开支是每年由集团公司核定下达。使用指标"资本开支/收入总额"来衡量集团公司在子公司特定贡献水平下对子公司的资源投入，即测量集团公司对子公司的资源配置要求。事实上，中国移动集团内部也非常重视资本开支占收入比重，将这个指标作为KPI考核指标，在考核指标中的权重甚至达到了12%。

（4）净利率。净利率是指企业实现净利润与销售收入的对比关系，用以衡量企业在一定时期的销售收入获取的能力。电信运营企业的净利率＝（净利润／营运收入）×100%。这个指标集中反映了企业财务表现的好坏。本研究中作为对控制变量"财务表现"的衡量指标。

## 4.3.2 内容分析采集二手数据

在本书中，使用内容分析法做二手数据的工作量和耗费的时间精力非常大，是本书实证研究的关键环节。使用内容分析法的具体步骤如下：

（1）内容抽样，确定分析对象。在本书中，出于对数据完整性的考虑，同时期望能有更好的模型检验效果，因此并没有像一般的内容分析一样对内容进行抽样、选取部分内容进行编码。而是，针对所收集整理的2004—2008年《人民邮电》报的每一期报道内容，以一一审阅、判断是否与可持续发展相关的方式来进行编码。

（2）确定分析类目与分析单元。本次使用的内容分析法更像是综合了解读式内容分析法与实验式内容分析法两种方法。

内容分析法主要有三种方式。❶

（a）解读式内容分析法（hermeneutic content analysis）：通过精读、理解并解释文本内容，来传达作者的意图。"解读"的含义，不仅是对事实进行简单解说，而是要从整体上和更高层次上来把握文本内容的背景和思想，从而发掘文本内容的真正意义。这种方法强调全面、客观、真实地反映文本内容的本来意义，具有一定的深度，适用于以描述事实为目的的个案研究。但这种方法使用中存在不可避免的主观性和研究对象的单一性，其分析结果往往可能会被认为是随机的、难以证实的，因而缺乏普遍性。

（b）实验式内容分析法（empirical content analysis）：指定量内容分析和定性内容分析。将文本内容划分为特定类目，计算每类内容元素出现频率，描述明显的内容特征。有三个基本特点，即客观、系统、定量。而用来作为计数单元的文本内容可以是单词、标记、主题、句子、段落或其他语法单元，也可以是一个笼统的"项目"或"时空"的概念。这些计数单元在文本中客观存在，其出现频率也是明显可查的。但是，这也并不能完全保证分析结果的有效性和可靠性。

（c）计算机辅助内容分析法（computer-assisted content analysis）：利用计算来辅助进行数据的收集、存储、编辑和整序等工作。包括定性内容分析法中的半自动内容分析（computer-aided content analysis），以及定量内容分析法中的计算机辅助内容分析。但是，难度在于要处理文件格式的转换，同时建立一套

❶ 邱均平，邹菲. 2003. 国外内容分析法的研究概况及进展[J]. 图书情报知识（6）：6-8。

完整的分类体系。

内容分析法的这三种方式的编码手段不同，也各有优、劣势。本书之所以没有采取第三种编码方式，是因为建立分类体系的难度大，其结果不如人工判断得准确。而本书的编码方式又吸取了解读式内容分析法和实验式内容分析法的优点，一方面以专业人员的判断为基础逐一审阅分析二手资料，有着"解读式"的全面理解内容的要求，另一方面在编码之前抽取少量的样本进行阅读、总结了关键点（即分析类目和单元），并在编码人员内部进行了沟通和培训，达成一致的理解后依据这些关键点来进行编码。由于这些关键点大部分体现为单词或主题，其编码的思想又主要与实验式内容分析法相似。

（3）评判记录，取得量化结果。编码人员根据统一的编码表进行评判结果的记录。

（4）信度分析。内容分析法的信度是非常重要的，在下文中单独作为一节进行阐述。

在分析信度之后，本研究才基于内容分析得出的量化数据进行模型的验证。

## 4.3.3 内容分析的编码员

内容分析的编码人员即评判者。为提高信度，理论上通常要求多人进行评判记录。

在本研究中，一共有3个编码员。笔者首先花了大约一周的时间对编码员进行培训，在培训过程中这些编码员不仅是单纯地学习和理解本研究设计的思路和要求，而是深度参与到研究设计的讨论中。因为本研究选取的编码员同笔者一样不仅具有电信行业管理咨询的多年从业经验，而且均有着良好的教育背景，且其中2人具有邮电院校教育背景。因此，在这一周中，笔者和其他编码员通过互动交流对内容分析的要求进行了完善，彼此理解了研究意图，对编码定义的使用达成了共识，能以统一的方式进行编码，理解每个测量标准的含义和每个分类的界定等，掌握了编码的流程和技巧。

编码前的培训具体包括：首先，给每位编码员都提供了统一的详细说明和指导编码的培训材料，即编码说明，对每一个测量指标及其类别进行了说明。其次，为几位编码员提供参考，先一起针对相同的材料独立进行了评判分析，然后把自己所做的案例和他们所做的进行比较，从编码过程中抽出一部分案例，检查其中的编码流程是否正确。在计算内容分析的信度达到0.9以上时，才开始对总样本进行大规模编码。

在编码过程中，笔者也非常重视编码的质量控制。根据编码进度，从每个编码员提交的编码结果中选取10%左右的材料进行重复编码，然后进行对比，分析差异原因，并同编码员进行沟通，从而始终保证编码的结果可靠性。

## 4.3.4　内容分析的信度

由于对多个变量都使用内容分析法来采集数据，因此，对内容分析的信度是有必要进行分析的。

内容分析法的信度指两个或两个以上的研究者按照相同的分析维度，对同一材料进行评判结果的一致性程度，它是保证内容分析结果可靠性、客观性的重要指标。

内容分析的信度计算公式为：

$$R = \frac{n \times K}{1 + (n-1) \times K°}$$

平均相互同意度是指两个评判者之间相互同意的程度，计算公式为：

$$K = \frac{2M}{N_1 + N_2}$$

其中，$n$ 为评判人数量，$M$ 为两者都完全同意的类目数，$N_1$ 为第一评判者分析的类目数，$N_2$ 为第二评判者分析的类目数。

作为前测实施的样本。进行编码员的相互信度（intercoder reliability）之检验后，发现各类目的相互信度在 0.91 至 1.00 之间，平均相互信度约为 0.95（见表4-11）。由于编码员间的相互信度相当高，因此在检定编码员信度之后即开始进行正式的编码。

表 4-11　内容分析的信度

|  | 行业监管约束 | 产业上下游要求 | 社会公众和媒体要求 | 可持续发展战略选择 | 环境绩效 | 经济绩效 | 社会绩效 | 总类目 |
|---|---|---|---|---|---|---|---|---|
| 应有同意数 | 10 | 10 | 21 | 10 | 10 | 12 | 10 | 83 |
| 不同意数 | 0 | 0 | 3 | 1 | 0 | 1 | 0 | 5 |
| 完全同意数 | 10 | 10 | 18 | 9 | 10 | 11 | 10 | 78 |
| 相互同意度 | 1.000 | 1.000 | 0.8571 | 0.900 | 1.000 | 0.9166 | 1.000 | 0.917 |
| 信度 | 1.000 | 1.000 | 0.9230 | 0.9473 | 1.000 | 0.9564 | 1.000 | 0.957 |

## 4.3.5　无量纲处理

　　无量纲处理，即数据的标准化。在本书中采用了 z-score 标准化。这种方法基于原始数据的均值（mean）和标准差（standard deviation）进行数据的标准化。将属性 A 的原始值 $v$ 使用 z-score 标准化到 $v'$ 的计算方法是：

$$v' = \frac{v - \overline{A}}{\sigma_A}$$

　　其中 $\overline{A}$ 是属性 A 原始值的均值，$\sigma_A$ 是属性 A 原始值的标准差。标准差 $\sigma_A$ 即为方差 $\sigma^2$ 的平方根。方差的计算公式如下：

$$\sigma^2 = \frac{1}{N} \sum_{i=1}^{N} (v_i - \overline{A}^2) = \frac{1}{N} \left[ \sum v_i^2 - \frac{1}{N} (\sum v_i)^2 \right]$$

　　z-score 标准化方法适用于属性 A 的最大值和最小值未知的情况，或有超出取值范围的离群数据的情况。在本书中，我们使用了 SPSS 来做数据的标准化处理，对所有变量均做了标准化处理。

　　数据无量纲化处理主要解决数据的可比性。经过上述标准化处理，原始数据均转换为无量纲化指标测评值，即各指标值都处于同一个数量级别上，可以进行综合测评分析。

## 4.4　实证模型检验

　　为了验证本书提出的"制度合法性对电信运营企业可持续发展战略选择及绩

效的影响概念模型"，需要利用面板数据的多元回归分析方法。通过借鉴温忠麟等[1]构建三个多元回归方程的做法，分析"中国移动的可持续发展战略选择"是否对战略绩效起到中介作用，进而分析自变量和中介变量的回归系数和显著性，来检验笔者在概念模型中提出的10个假设（$H_1$-$H_{10}$）是否成立。

## 4.4.1 构建模型检验的分析框架

（1）建立关系链。

要验证"可持续发展战略选择"是否起到了中介作用，需要首先明确什么是中介作用。本书将利用一个包含中介作用的基本的关系链来描述中介作用。这个关系链构成了实证模型的基础，它假设存在三个变量——自变量$X$[2]，中介变量$M$和因变量$Y$。三者的关系可以用图4-1来表示。其中自变量$X$通过路径$c$直接影响因变量$Y$，c是$X$对$Y$的总效应；自变量$X$通过路径$a$影响中介变量$M$，而中介变量$M$再通过路径$b$影响因变量$Y$，$ab$的乘积构成了中介变量的中介效应（Mediating Effect）；当自变量和中介变量同时纳入模型后，自变量$X$通过路径$c'$，构成对因变量$Y$的直接效应。因此，当存在中介变量时，三者存在以下关系：$c = c' + ab$。

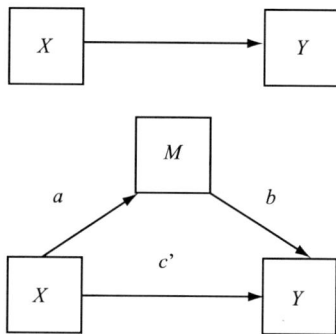

**图4-1　中介作用的关系示意**

---

[1] 温忠麟，张雷，侯杰泰，等. 2004. 中介效应检验程序及其应用[J]. 心理学报，36（5）：614-620.

[2] 在计量经济学中自变量和控制变量不存在差别，可通过逐一加入回归模型的方式验证自变量和因变量的关系，在模型操作上均将其视为自变量。

（2）检验中介作用。

关于中介作用的检验，存在很多争议。目前研究者们使用最多的一种方法是用如下三个标准来判别：①自变量通过途径 $a$ 能够显著地解释假设的中介变量的变化；②中介变量通过途径 $b$ 能够显著地解释因变量的变化；③当控制途径 $a$ 和 $b$ 时（即将 $X$ 和 $M$ 同时纳入多元回归模型中），中介变量对因变量显著，而自变量与因变量之间的显著性比之前不再存在或减小了很多。如果满足了上述三个标准，那么可以确定"企业可持续发展战略选择"是"制度合法性对电信运营企业可持续发展战略及绩效的影响模型"的中介变量。这种方法就是Barron 和 Kenny（1986）的方法。

但是，MacKinnon（2002）等总结了14种不同的方法来检验中介变量，认为上述 Barron 和 Kenny（1986）的方法的统计功效很低。而在对14种不同的方法进行总结之后，MacKinnon（2002）等建议直接检验"自变量到中介变量的关系"和"中介变量到因变量的关系"。如果以图4-1中的关系图为例，就代表了检验假设 $H_0$：$ab=0$。这个方法的逻辑是，如果"自变量到中介变量的关系"即参数 $a$ 是零的话（那么自变量对中介变量不显著），或者是"中介变量到因变量的关系"即参数 $b$ 是零（那么中介变量对因变量不显著），$ab$ 的乘积都是零。但是，如果 $ab$ 乘积不等于零，就代表 $a$ 和 $b$ 都不为零。那么，$M$ 就是 $X$ 和 $Y$ 的中介变量了。❶

出于研究的严谨性考虑，本书将同时采用这两种方法来检验中介变量。

值得注意的是，存在中介变量 $M$ 的情况下，控制途径 $a$ 和 $b$ 出现 $a×b=c$，称为出现了完全中介效应。因此如果中介变量能够部分减少途径 $c$ 的效应，使其显著性减少就能说明中介变量是显著的，属于部分中介变量。

## 4.4.2 利用多元回归方法验证模型

测度中介变量的模型有以下几种。Fiske、Kenny 和 Taylor（1982）曾经提

---

❶ 陈晓萍，徐淑英，樊景立. 2008. 组织与管理研究的实证方法[M]. 北京：北京大学出版社.

出用单因素方差分析法检验中介变量，但其存在一定局限。[1]利用结构方程模型来验证中介效应也是常用方法。它的研究思路与多元回归类似，但更为灵活。结构方程模型（SEM）可以同时把几个自变量、几个因变量和几个中介变量都同时放到模型里，还可以放一些其他可能会影响中介变量和因变量的变量（Baron 和 Kenny，1986；Hoyle 和 Smith，1994；Judd 和 Kenny，1981；MacKin-non，2000；Quintana 和 Maxwell，1999；Wegener 和 Fabrigar，2000）。但是，SEM 方法也有其局限，比如要求大样本量，更为主要的是 SEM 模型难以处理面板数据。从本书获得的实证数据看，自变量、中介变量和控制变量均为 $31 \times 5$（31省，5个自然年度）的面板数据，难以运用 SEM 进行验证。因此，本书将主要利用一系列的基于面板数据的多元回归模型来验证概念模型。

Kenny（Baron 和 Kenny，1986；Kenny 等，1998）[2]提出的多元回归检验的方法通过比较下列三个回归方程来分析中介作用，如图4-2所示。第一步，通过途径 $c$ 把因变量对自变量做回归，得到回归模型1；第二步，通过途径 $a$ 把中介变量对自变量做回归，得到回归模型2；第三步，把因变量同时对自变量和中介变量做回归，得到回归模型3。通过分别估计和检验每一个回归方程中的回归系数的正负和显著性，来识别中介变量。而这由需要三个多元回归模型满足以下三个条件：

第一，自变量单独与因变量建立的回归模型，自变量的系数显著，二者才存在关系，这也是进行下面两个回归模型的必要条件；

第二，自变量和中介变量建立的回归模型，系数显著，这样才能说明自变量确实可以影响中介变量；

第三，当自变量和中介变量同时加入回归模型后，中介变量的系数必须显著，从而说明其能影响因变量。同时，在第三个多元回归方程中自变量对因变

---

[1] FISKE S T, KENNY D A, TAYLOR S E. 1982. Structural models for the mediation of salience effects on attribution[J]. Journal of Experimental Social Psychology，18: 105-127.

[2] KENNY D A, KASHY D A, BOLGER N. 1998. Data analysis in social psychology[M]//GILBERT D T, FISKE S T, LINDZEY G. The handbook of social psychology. 4th ed. New York：Oxford University Press:223-265.

量的作用必须比在第1个方程中更小（系数的显著性降低）。如果自变量对因变量的作用变为0，就是完全中介。如果自变量的系数依然显著，但是显著性不如模型1，则成为部分中介。

值得注意的是，如果模型2中的系数a与模型3中的系数b有一个不显著，则需要进行sobel test。❶如果检验的结果显著，则中介效应显著；反之，则中介效应不显著。

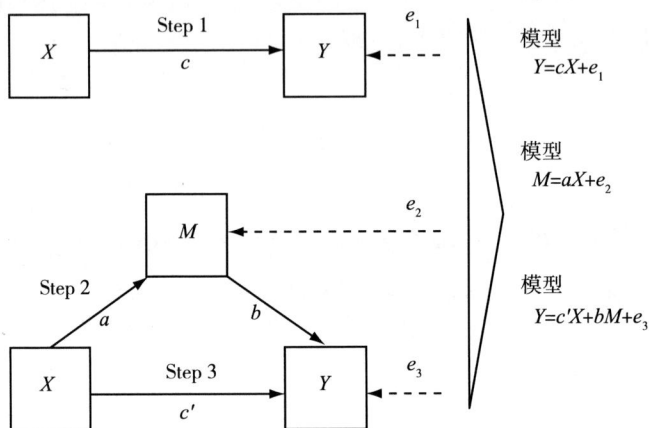

图4-2 多元回归法检验中介效应

通过检验模型1中自变量系数c的显著性，可以验证概念模型$H_1$、$H_3$、$H_5$、$H_7$、$H_9$的假设是否成立；进一步通过模型2和模型3验证"中国移动的可持续发展战略选择"是概念模型的中介变量，可以检验概念模型$H_2$、$H_4$、$H_6$、$H_8$、$H_{10}$是否成立。

## 4.4.3 基于panel data模型的多元回归建模方法

如前所述，本书将通过内容分析法对原始数据进行处理得到31省公司的

❶ SOEL M E. 1982. Asymp totic confidence intervals for indirect effects in structural equation models [J]//LEINHARDT S. Sociological methodology 1982. Washington，DC：American Sociological Association（1）:290-312.

31×5面板数据，而后通过Eviews6软件对面板数据（panel data）模型进行回归分析。本节将对Eview软件运行下的panel data实证模型进行说明。

（1）确定面板数据模型的基本类型。

面板数据在Eviews中成为时序与截面混合数据。它能够同时反映研究对象在时间和截面单元方向上的特性，因此能够更加综合地利用信息，也可以有效减少多重共线性带来的影响。[1]利用面板数据做统计分析可以构造和检验更为真实的方程模型，这比以往单独使用横截面数据或时间序列数据所得到的模型更深刻，这是因为面板数据为研究者提供了大量的数据点，增加了自由度同时减弱了解释变量间的共线性。此外，面板数据分析能够控制在时间序列和横截面研究中不能控制的涉及地区和时间为常数的情况。也就是说，当个体在时间或地区分布中存在常数的变量时，如果在模型中不考虑这些变量，有可能会得到有偏的结果。面板数据分析能够控制时间或地区分布中的恒变量，而在普通时间序列或横截面研究中则不能。

对于panel data的基本假设称为参数齐性假设，即因变量$y$由某一参数的概率分布函数$P(y/\theta)$产生。其中，$\theta$是$m$维实向量，在所有时刻对所有个体都相等。违背假定的情况通常有参数非齐性偏差和选择性偏差。在本研究中，笔者创建的属于一般的线性Panel data数据模型，它可以表示为：

$$y_{it} = \alpha_{it} + \beta_{it}'X_{it} + u_{it}, \quad i = 1, 2, \cdots, 31; \ t = 2004, 2005, \cdots, 2008$$

其中$X_{it}' = (x_{1it}, x_{2it}, \ldots, x_{kit})$，代表解释变量（包括因变量、中介变量和控制变量）；$\beta_{it}' = (\beta_{1it}, \beta_{2it}, \ldots, \beta_{kit})$，为参数项，$k$代表解释变量的个数。随机扰动项$u_{it}$相互独立，且满足零均值、等方差。

（2）确定应用混合效应、固定效应还是随机效应模型。

利用面板数据建立多元回归模型，常常会遇到一个选择，即采用混合效应模型（mixed effects model）、固定效应模型（fixed effects model）还是随机效应模型（random effects model）。本书将首先检验固定效应是否显著的$F$统计

---

[1] 易丹辉. 2002. 数据分析与Eviews应用[M].中国统计出版社：201.

量，在混合效应和固定效应模型中做出选择；如果F检验拒绝原假设（即模型是分混合效应模型），则进一步通过Hausman检验[1]，确定究竟是固定效应模型，还是随机效应模型。

一般而言，固定效应模型建立在如下假设基础上——个体间存在显著差异，但是对于特定的个体而言，组内不存在时间序列上的差异。也就是说，它把模型遗漏的个体 $\alpha_i$ 或时期特性 $\lambda_t$ 当作未知的固定常数。而混合效应模型，则仅有一个公共常数项，将个体差异全部体现在自变量的系数上。因此，首先需要检验固定效应是否具有显著的F统计量，在混合效应和固定效应模型中做出选择。它的零假设是：

$$H_0{:}\alpha_1 = \alpha_2 = ... = \alpha_n$$

统计量F的公式是：

$$F = \frac{(SSE_r - SSE_u)/[(NT-k-1)-(NT-N-k)]}{SSE_u/(NT-N-k)} = \frac{(SSE_r - SSE_u)/(N-1)}{SSE_u/(NT-N-k)}$$

其中 $SSE_r$ 和 $SSE_u$ 分别表示约束模型（混合回归模型）和非约束模型（个体固定效应模型）的残差平方和，$k$ 为解释变量的个数，$N$ 代表截面个数，$T$ 代表时间个数。如果F检验拒绝了零假设，则拒绝使用混合数据模型。进而需要通过Hausman检验，在固定效应模型和随机效应模型中选择。

Hausman检验是由Jerry A. Hausman在1978年提出的，它的零假设是随机效应模型，备则假设是选择固定效应模型。具体H统计量为：

$$H = (b_1-b_0)\,'\,(\mathrm{Var}\,(b_0) - \mathrm{Var}\,(b_1))^{-1}\,(b_1-b_0)$$

如果检验拒绝了零假设，则确定使用固定效应模型。

（3）对面板数据模型进行参数估计。

首先建立Eviews软件中的Pool对象，而后以 "jianguan" "chanye" 等命名面板对象的基础名，将本书的5组自变量和3组控制变量以及中介变量和因变量分别导入不同的Pool文件中，建立面板数据对象与相关序列的对应关系。

Eviews提供了利用面板数据对象估计固定效应或随机效应的变截距模型、

---

[1] HAUSMAN J A. 1978. Specification tests in econometrics. Econometrica, 46（6）: 1251-1271.

截面单元变系数模型、截面单元具有不同AR（$p$）误差结构系数模型以及对每个截面单元建立一个独立模型。本书利用面板数据对象估计固定效应的变截距模型。因此在操作上选择Intercept选项下代表截距的处理方式时，应选择Fixed effects。而对于模型的估计方法，本书将采用可行的广义最小二乘法（GLS）估计，目的是要减少由于截面数据造成的异方差影响。

# 第5章 实证研究的结果与讨论

## 5.1 描述性统计分析

这31家企业的研究样本整体情况见表5-1描述统计所示，作为控制变量的"企业规模"，即企业年销售额的均值为92.541亿元；作为控制变量的"财务表现"，即企业净利率的均值为0.213。企业规模的标准差为91.577，说明企业之间的差异较大，而财务表现的标准差（0.069）较小，说明企业之间财务盈利状况的差异不甚大。行业监管约束、产业上下游要求、中介变量"企业可持续发展战略选择"与因变量"企业可持续发展绩效"的标准差，都相对较大，表明各个企业之间的差异明显。

表5-1　描述性统计

| 变量 | 均值 | 标准差 | 自变量1 | 自变量2 | 自变量3 | 自变量4 | 自变量5 | 控制变量1 | 控制变量2 | 控制变量3 | 中介变量 | 因变量 |
|---|---|---|---|---|---|---|---|---|---|---|---|---|
| 自变量1：行业监管约束 | 9.348 | 5.047 | 1 | | | | | | | | | |
| 自变量2：客户要求 | 0.209 | 0.087 | .451** | 1 | | | | | | | | |
| 自变量3：产业上下游要求 | 0.858 | 1.131 | .493** | .177* | 1 | | | | | | | |
| 自变量4：社会公众和媒体要求 | 2.948 | 1.558 | .442** | .296** | .442** | 1 | | | | | | |
| 自变量5：其他企业的示范 | 4647.948 | 436.168 | .010 | .130 | -.089 | .016 | 1 | | | | | |
| 控制变量1：企业规模 | 92.541 | 91.577 | .416** | -.138 | .466** | .334** | .113 | 1 | | | | |
| 控制变量2：财务表现 | 0.213 | 0.069 | .347** | -.060 | .175* | .158* | .240** | .599** | 1 | | | |
| 控制变量3：企业内部资源配置 | 0.286 | 0.083 | -.207** | .279** | -.007 | .068 | .264** | -.351** | -.419** | 1 | | |
| 中介变量：企业可持续发展战略选择 | 0.570 | 0.310 | .610** | .527** | .619** | .613** | .039 | .350** | .067 | .204* | 1 | |
| 因变量：企业可持续发展绩效 | 1.107 | 0.548 | .577** | .442** | .526** | .479** | -.043 | .284** | .110 | .044 | .762** | 1 |

**表示相应参数估计值在0.01水平下显著（双尾）；*表示相应参数估计值在0.05水平下显著（双尾）。

# 5.2 假说检验

## 5.2.1 应用面板数据分析步骤

面板数据模型的选择通常有三种形式：一种是混合估计模型（Pooled Regression Model）。如果从时间上看，不同个体之间不存在显著性差异；从截面上看，不同截面之间也不存在显著性差异，那么就可以直接把面板数据混合在一起用普通最小二乘法（OLS）估计参数。一种是固定效应模型（Fixed Effects Regression Model）。如果对于不同的截面或不同的时间序列，模型的截距不同，则可以采用在模型中添加虚拟变量的方法估计回归参数。一种是随机效应模型（Random Effects Regression Model）。如果固定效应模型中的截距项包括了截面随机误差项和时间随机误差项的平均效应，并且这两个随机误差项都服从正态分布，则固定效应模型就变成了随机效应模型。

在面板数据模型形式的选择方法上，通常的步骤是先采用F检验决定选用混合模型还是固定效应模型，然后用Hausman检验确定应该建立随机效应模型还是固定效应模型。检验完毕后，决定该选用哪种模型了，才开始用Eviews做回归。

## 5.2.2 F检验

如4.4.1所述，要经过三个步骤才能完成对$H_1$—$H_{10}$的检验，即：

第一步，检验自变量对因变量的影响。这一步所建立的回归方程，我们称之为方程1。

第二步，检验自变量对中介变量的影响。这一步所建立的回归方程，我们称之为方程2。

第三步：检验自变量和中介变量对因变量的影响。这一步所建立的回归方程，我们称之为方程3。

另外，在4.4.1章节中，笔者介绍了关于中介变量检验方面的争议，并认为出于严谨性考虑可同时采用两种方法来检验中介变量。那么，根据4.4.1的介绍，实际上，如果要按照MacKinnon（2002）等推荐的方法来检验中介变量，意味着要在第二步"检验自变量对中介变量的影响"的基础上，检验中介变量能否显著解释因变量的变化。那么，这一步所建立的回归方程，我们称之为方程4。

我们要先对这几个步骤中的方程——做F检验，检验结果如表5-2—表5-5所示。

表5-2　方程1的混合回归模型和个体固定效应模型估计结果

| 变量 | 混合效应 | 个体固定效应 |
|---|---|---|
| 自变量1：行业监管约束 | 0.277645** | 0.163113* |
| 自变量2：客户要求 | 0.232759** | 0.151759** |
| 自变量3：产业上下游要求 | 0.235587** | 0.096900* |
| 自变量4：社会公众和媒体要求 | 0.156347** | 0.194200** |
| 自变量5：其他企业的示范 | -0.070178 | 0.046030 |
| 控制变量1：企业规模 | 0.101521 | 0.076231 |
| 控制变量2：财务表现 | -0.058520 | -0.148369 |
| 控制变量3：企业内部资源配置 | 0.057438 | -0.129955** |
| 调整后的R平方 | 0.465607 | 0.788986 |
| DW | 0.795135 | 2.150653 |
| Sum squared resid | 78.55567 | 24.47759 |

*表示相应参数估计值在10%水平下显著；**表示相应参数估计值在5%水平下显著。

表5-3　方程2的混合回归模型和个体固定效应模型估计结果

| 变量 | 混合效应 | 个体固定效应 |
|---|---|---|
| 自变量1：行业监管约束 | 0.242118** | 0.188422** |
| 自变量2：客户要求 | 0.276555** | 0.273823** |
| 自变量3：产业上下游要求 | 0.254788** | 0.190724** |
| 自变量4：社会公众和媒体要求 | 0.238717** | 0.228224** |
| 自变量5：其他企业的示范 | -0.026047 | 0.051725 |
| 控制变量1：企业规模 | 0.245701** | 0.216964 |
| 控制变量2：财务表现 | -0.141313** | -0.228656** |
| 控制变量3：企业内部资源配置 | 0.196363** | 0.036864 |
| 调整后的R平方 | 0.699503 | 0.863825 |
| DW | 0.915294 | 2.361280 |
| Sum squared resid | 44.17297 | 15.79629 |

*表示相应参数估计值在10%水平下显著；**表示相应参数估计值在5%水平下显著。

表5-4　方程3的混合回归模型和个体固定效应模型估计结果

| 变量 | 混合效应 | 个体固定效应 |
|---|---|---|
| 自变量1：行业监管约束 | 0.119039 | 0.112552 |
| 自变量2：客户要求 | 0.051595 | 0.078281 |
| 自变量3：产业上下游要求 | 0.068682 | 0.045721 |
| 自变量4：社会公众和媒体要求 | -3.08E-05 | 0.132958* |
| 自变量5：其他企业的示范 | -0.053115 | 0.032150 |
| 控制变量1：企业规模 | -0.059431 | 0.018011 |
| 控制变量2：财务表现 | 0.034051 | -0.087012 |
| 控制变量3：企业内部资源配置 | -0.071195 | -0.139847** |
| 中介变量：企业可持续发展战略选择 | 0.655076** | 0.268340** |
| 调整后的$R$平方 | 0.591781 | 0.797042 |
| DW | 1.037279 | 2.185618 |
| Sum squared resid | 59.59997 | 23.34015 |

*表示相应参数估计值在10%水平下显著；**表示相应参数估计值在5%水平下显著。

表5-5　方程4的混合回归模型和个体固定效应模型估计结果

| 变量 | 混合效应 | 个体固定效应 |
|---|---|---|
| 中介变量：企业可持续发展战略选择 | 0.762305** | 0.519612** |
| 调整后的$R$平方 | 0.581109 | 0.784774 |
| DW | 0.950702 | 2.138728 |
| Sum squared resid | 64.50912 | 26.47276 |

*表示相应参数估计值在10%水平下显著；**表示相应参数估计值在5%水平下显著。

　　上述四个表格，是对方程1—方程4的固定效应模型和混合效应模型的拟合效果。可以看出固定效应模型的调整$R$平方普遍在0.8左右，高于混合效应模型，说明在固定效应下解释变量对被解释变量的解释能力很强；而混合模型的DW统计量值为0.7—1，表明误差项可能存在一阶序列相关，也即混合回归模型中可能遗漏了重要变量；而个体固定效应模型的DW统计量在2左右，接近可接受范围，可以认为个体固定效应模型中残差序列的自相关性很弱，个体固定效应模型能够一定程度地改善由遗漏变量所带来的问题。进一步地，笔者考察了检验固定效应是否显著的$F$统计量，如表5-6所示。

表5-6　$F$统计量

| 方程模型 | SSEr | SSEu | $N$ | $T$ | $k$ | 大于5%显著性的临界值 | $F$值 |
|---|---|---|---|---|---|---|---|
| 1 | 78.55567 | 24.47759 | 31 | 5 | 8 | 0.598 | 8.543 |
| 2 | 44.17297 | 15.79629 | 31 | 5 | 8 | 0.598 | 6.946 |
| 3 | 59.59997 | 23.34015 | 31 | 5 | 9 | 0.598 | 5.955 |
| 4 | 64.50912 | 26.47276 | 31 | 5 | 1 | 0.595 | 5.891 |

从表5-6中可以看出，方程模型1—4的$F$值均大于5%显著性的临界值，因此拒绝零假设，即模型不能使用混合效应模型。进一步地，笔者将利用Hausman检验，来验证究竟是使用固定效应模型还是随机效应模型。

## 5.2.3　Hausman检验

表5-7为Hausman检验的统计量：

表5-7　Hausman检验的统计量

| 方程模型 | Test Summary | 卡方统计值 | 解释变量个数 | $P$值 |
|---|---|---|---|---|
| 1 | Cross-section random | 20.794729 | 8 | 0.0077 |
| 2 | Cross-section random | 10.017651 | 8 | 0.2638 |
| 3 | Cross-section random | 20.765040 | 9 | 0.0137 |
| 4 | Cross-section random | 9.569706 | 1 | 0.0020 |

从Hausman检验可以看出，方程模型1、方程3和方程4的$p$值都小于0.05，应拒绝零假设，从而选用固定效应模型。而方程模型2无法拒绝零假设，因此选择随机效应模型。

## 5.2.4　模型结果

以下是方程1、方程3和方程4的固定效应模型估计结果，以及方程2的随机效应模型估计结果。

第一步，检验自变量的变化是否能够显著地解释因变量的变化。通过 Eviews，对自变量和因变量进行回归分析，得到的结果如表5-8所示。

表5-8　方程1的固定效应模型估计结果

| 变量 | Coefficient | Std. Error | t-Statistic | Prob. |
|---|---|---|---|---|
| C | 7.96E-07 | 0.036897 | 2.16E-05 | 1.0000 |
| 自变量1：行业监管约束 | 0.163113 | 0.090050 | 1.811371 | 0.0727 |
| 自变量2：客户要求 | 0.151759 | 0.074076 | 2.048677 | 0.0428 |
| 自变量3：产业上下游要求 | 0.096900 | 0.056965 | 1.701028 | 0.0916 |
| 自变量4：社会公众和媒体要求 | 0.194200 | 0.069804 | 2.782090 | 0.0063 |
| 自变量5：其他企业的示范 | 0.046030 | 0.054447 | 0.845414 | 0.3996 |
| 控制变量1：企业规模 | 0.076231 | 0.164490 | 0.463438 | 0.6439 |
| 控制变量2：财务表现 | -0.148369 | 0.102856 | -1.442495 | 0.1519 |
| 控制变量3：企业内部资源配置 | -0.129955 | 0.063355 | -2.051240 | 0.0425 |
| R-squared | 0.841054 | Mean dependent var | | 3.87E-07 |
| Adjusted R-squared | 0.788986 | S.D. dependent var | | 1.000000 |
| S.E. of regression | 0.459362 | Akaike info criterion | | 1.495436 |
| Sum squared resid | 24.47759 | Schwarz criterion | | 2.261201 |
| Log likelihood | -76.89626 | Hannan-Quinn criter. | | 1.806472 |
| F-statistic | 16.15289 | Durbin-Watson stat | | 2.150653 |
| Prob(F-statistic) | 0.000000 | | | |

注：该表省略了31个移动公司的截距项。

回归分析控制了企业规模、财务表现、内部资源配置要求三个变量，结果表明：

（1）自变量"行业监管约束"对因变量"企业可持续发展绩效"的影响，通过了10%水平上的显著检验（$p$值为0.0727<0.1），且为正相关关系（回归系数为0.163113）。

（2）自变量"客户要求"对因变量"企业可持续发展绩效"的影响，通过了5%水平上的显著检验（$p$值为0.0428<0.05），且为正相关关系（回归系数为0.151759）。

（3）自变量"产业上下游要求"对因变量"企业可持续发展绩效"的影响，通过了10%水平上的显著检验（$p$值为0.0916<0.1），且为正相关关系（回归系数为0.096900）。

（4）自变量"社会公众和媒体要求"对因变量"企业可持续发展绩效"的影响，通过了5%水平上的显著检验（$p$值为0.0063<0.05），且为正相关关系（回归系数为0.194200）。

（5）自变量"其他企业的示范"并没有通过检验，对因变量没有显著影响（$p$值为0.3996>0.1）。

（6）企业规模和财务表现同企业可持续发展绩效不存在显著相关性，企业内部资源配置要求则同可持续发展绩效有着显著的相关性。

因此，这样一个结果证明了假设$H_1$、$H_3$、$H_5$、$H_7$均通过了成立，而$H_9$不成立。

要$H_1$、$H_3$、$H_5$、$H_7$、$H_9$成立的前提下，其他假设才有可能成立。而由于$H_9$不成立，因此$H_{10}$也不成立。

$H_2$、$H_4$、$H_6$、$H_8$和$H_{10}$是关于"企业可持续发展战略选择"的中介作用。要检验中介变量，还需要进行自变量对中介变量的影响、控制中介变量后自变量对因变量的影响。

第二步，检验自变量的变化能否显著解释中介变量"企业可持续发展战略选择"的变化。将自变量同中介变量进行回归，得到的结果如表5-9所示。

表5-9　方程2的随机效应模型估计结果

| Variable | Coefficient | Std. Error | t-Statistic | Prob. |
|---|---|---|---|---|
| $C$ | 4.70E-07 | 0.080606 | 5.84E-06 | 1.0000 |
| 自变量1：行业监管约束 | 0.204158 | 0.064895 | 3.145978 | 0.0020 |
| 自变量2：客户要求 | 0.268760 | 0.054133 | 4.964785 | 0.0000 |

续表

| Variable | Coefficient | Std. Error | t-Statistic | Prob. |
|---|---|---|---|---|
| 自变量3：产业上下游要求 | 0.207807 | 0.044299 | 4.691056 | 0.0000 |
| 自变量4：社会公众和媒体要求 | 0.235442 | 0.050464 | 4.665493 | 0.0000 |
| 自变量5：其他企业的示范 | 0.029662 | 0.038907 | 0.762380 | 0.4471 |
| 控制变量1：企业规模 | 0.251244 | 0.084357 | 2.978330 | 0.0034 |
| 控制变量2：财务表现 | -0.207204 | 0.068653 | -3.018137 | 0.0030 |
| 控制变量3：企业内部资源配置 | 0.067568 | 0.047608 | 1.419245 | 0.1580 |

Effects Specification

| | | S.D. | Rho |
|---|---|---|---|
| Cross-section random | | 0.417349 | 0.5612 |
| Idiosyncratic random | | 0.369019 | 0.4388 |

Weighted Statistics

| R-squared | 0.711287 | Mean dependent var | -9.49E-08 |
|---|---|---|---|
| Adjusted R-squared | 0.695468 | S.D. dependent var | 0.673306 |
| S.E. of regression | 0.371560 | Sum squared resid | 20.15629 |
| F-statistic | 44.96167 | Durbin-Watson stat | 1.851800 |
| Prob(F-statistic) | 0.000000 | | |

Unweighted Statistics

| R-squared | 0.694287 | Mean dependent var | -2.58E-07 |
|---|---|---|---|
| Sum squared resid | 47.07980 | Durbin-Watson stat | 0.792812 |

注：该表省略了31个移动公司的截距项。

从表5-9中可以看到，自变量行业监管约束、客户要求、产业上下游要求，以及社会公众和媒体要求，对中介变量企业可持续发展战略选择的影响均通过了5%水平上的显著检验，其 $p$ 值均小于0.05。

第三步，当控制了中介变量后，检验自变量对因变量的影响。回归结果如表5-10所示。

表5-10　方程3的固定效应模型估计结果

| Variable | Coefficient | Std. Error | t-Statistic | Prob. |
|---|---|---|---|---|
| $C$ | 6.82E-07 | 0.036186 | 1.88E-05 | 1.0000 |
| 自变量1：行业监管约束 | 0.112552 | 0.090860 | 1.238744 | 0.2180 |
| 自变量2：客户要求 | 0.078281 | 0.079001 | 0.990883 | 0.3238 |
| 自变量3：产业上下游要求 | 0.045721 | 0.059904 | 0.763230 | 0.4469 |
| 自变量4：社会公众和媒体要求 | 0.132958 | 0.073183 | 1.816791 | 0.0719 |
| 自变量5：其他企业的示范 | 0.032150 | 0.053719 | 0.598496 | 0.5507 |
| 控制变量1：企业规模 | 0.018011 | 0.163184 | 0.110373 | 0.9123 |
| 控制变量2：财务表现 | -0.087012 | 0.104150 | -0.835447 | 0.4052 |
| 控制变量3：企业内部资源配置 | -0.139847 | 0.062274 | -2.245686 | 0.0266 |
| 中介变量：企业可持续发展战略选择 | 0.268340 | 0.113351 | 2.367336 | 0.0196 |
| R-squared | 0.848440 | Mean dependent var | | 3.87E-07 |
| Adjusted R-squared | 0.797042 | S.D. dependent var | | 1.000000 |
| S.E. of regression | 0.450508 | Akaike info criterion | | 1.460756 |
| Sum squared resid | 23.34015 | Schwarz criterion | | 2.246156 |
| Log likelihood | -73.20860 | Hannan-Quinn criter. | | 1.779768 |
| F-statistic | 16.50712 | Durbin-Watson stat | | 2.185618 |
| Prob(F-statistic) | 0.000000 | | | |

注：该表省略了31个移动公司的截距项。

这一步要检验当控制中介变量后，自变量对因变量的影响应等于零，或者显著降低，同时中介变量的$p$值应显著不等于零。从表5-11中可以看到，当控制了中介变量后，自变量行业监管约束、客户要求、产业上下游要求对因变量的影响等于零，$p$值均大于0.1，而社会公众及媒体的要求这一变量的$p$值为0.0719<0.1，但大于在第一步回归方程结果（见表5-7）中的$p$值（0.0063），显著性明显降低。这表明，对于自变量"行业监管约束""客户要求""产业上下游要求"，"企业可持续发展战略选择"为完全中介变量，而对于自变量"社会公众及媒体的要求"，"企业可持续发展战略选择"则是部分中介变量。

在4.4.1章节中，笔者认为出于严谨性考虑可同时采用两种方法来检验中介变量。实际上，是要在第二步"检验自变量的变化是否能够显著地解释中介变量的变化"的基础上，检验中介变量能否显著解释因变量的变化。这一步所建立的回归方程被我们称为方程4。回归结果如下表所示：

表5-11　方程4的固定效应模型估计结果

| Variable | Coefficient | Std. Error | t-Statistic | Prob. |
|---|---|---|---|---|
| $C$ | 5.21E-07 | 0.037263 | 1.40E-05 | 1.0000 |
| 中介变量：企业可持续发展战略选择 | 0.519612 | 0.061637 | 8.430173 | 0.0000 |
| R-squared | 0.828099 | Mean dependent var | | 3.87E-07 |
| Adjusted R-squared | 0.784774 | S.D. dependent var | | 1.000000 |
| S.E. of regression | 0.463924 | Akaike info criterion | | 1.483471 |
| Sum squared resid | 26.47276 | Schwarz criterion | | 2.111791 |
| Log likelihood | -82.96903 | Hannan-Quinn criter. | | 1.738681 |
| F-statistic | 19.11378 | Durbin-Watson stat | | 2.138728 |
| Prob(F-statistic) | 0.000000 | | | |

注：该表省略了31个移动公司的截距项。

从表5-11中可以看到，中介变量对因变量的影响是显著的，$p$值=0.0000<0.05。那么，结合第二步方程中的检验结果，依然可以得出结论：对自变量"行业监管约束""客户要求""产业上下游要求""社会公众及媒体的要求"而言，"企业可持续发展战略选择"是一个中介变量。

因此，4.4.1章节中介绍的两种检验中介变量的方法其结论是一致的。

总结上述$H_1$—$H_{10}$实证检验的结果，如表所示：

表5-12　实证检验的结果汇总

| 假设 | 具体内容 | 实证结果 |
|---|---|---|
| $H_1$ | 行业监管约束对企业可持续发展绩效具有正向的影响 | 支持 |
| $H_2$ | 行业监管约束对企业可持续发展绩效的影响是通过企业可持续发展战略选择实现的 | 支持，完全中介 |
| $H_3$ | 客户要求对企业可持续发展绩效具有正向的影响 | 支持 |

续表

| 假设 | 具体内容 | 实证结果 |
|---|---|---|
| H₄ | 客户要求对企业可持续发展绩效的影响是通过企业可持续发展战略选择实现的 | 支持，完全中介 |
| H₅ | 产业上下游要求对企业可持续发展绩效具有正向的影响 | 支持 |
| H₆ | 产业上下游要求对企业可持续发展绩效的影响是通过企业可持续发展战略选择实现的 | 支持，完全中介 |
| H₇ | 社会公众和媒体要求对企业可持续发展绩效具有正向的影响 | 支持 |
| H₈ | 社会公众和媒体要求对企业可持续发展绩效的影响是通过企业可持续发展战略选择实现的 | 支持，部分中介 |
| H₉ | 其他企业示范对企业可持续发展绩效具有正向的影响 | 不支持 |
| H₁₀ | 其他企业示范对企业可持续发展绩效的影响是通过企业可持续发展战略选择实现的 | 不支持 |

# 5.3 实证结果讨论与解释

## 5.3.1 实证结果的讨论

### 5.3.1.1 行业监管约束显著影响企业的可持续发展战略及绩效，且企业可持续发展战略选择发挥着中介作用

行业监管约束对于企业可持续发展绩效的影响显著，而且是正相关关系。

笔者分析，从实践来看，电信运营企业可持续发展受到行业监管机构显著影响的原因主要有两点：第一，有着与政府部门传统的上下互动关系；第二，制度因素通过改变企业的资源供给会影响企业的战略演变。在这两点认识的基础上，笔者还认为制度因素通过改变企业的资源供给会影响企业的竞争优势，而企业也可以利用积极主动的合法性管理来提高资源的

获取。

第一，有着与政府部门传统的上下互动关系。

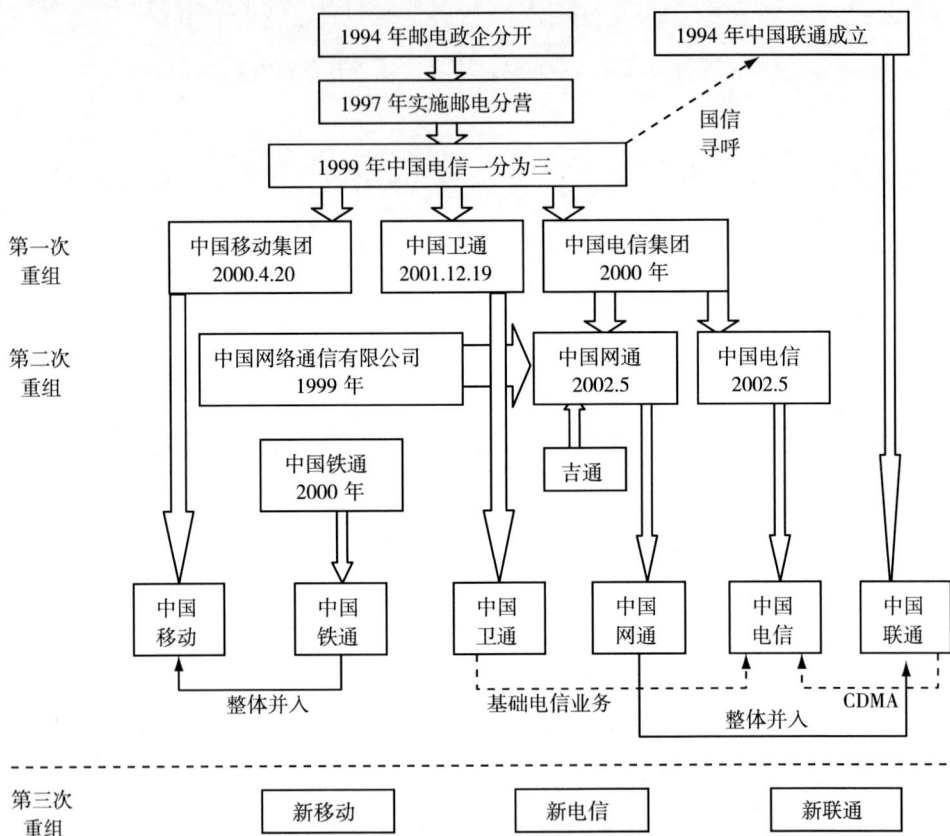

图5-1　中国电信行业变革图

中国的通信行业为我们的分析提供了一个独特的合适情境。首先，尽管一些研究关注了中国企业经营战略的研究（Child，1994；Li 和 Atuahene Gima，2002；Lu，1996；Peng，2000），但它们的研究对象都不是基础行业。基础行业，例如，通信、电力、铁路和航空等，长期处于垄断状态和政府的严格管制之下。事实上，中国基础行业的市场深化改革近几年才开始，而打破这些行业的垄断经营更是曾经被政府作为"十五"发展规划（2001—2005）的核心任务之一。[1]就通信行业而言，以中国信息产业部的成立为标志的基础市场改革是在1998年才正式开始的。其次，在过去的几十年里，中国通信行业经历了几次监管架构的剧变（电信业变革历程详见图5-1）。企业的经营环境逐步从半军事化管理演变为政府扶持下的发展和市场自由化。因此，在这样背景下，一方面，这几年来电信运营企业的市场化程度已经很高，但另一方面，由于这个行业的几家企业都是大型央企，且脱胎于政府机构，因此还是同政府机构有着千丝万缕的联系。1993年以前，中国电信市场是独家垄断。当时的邮电部既实施行政管理，又经营邮电业务。现在的中国移动、中国电信和原中国网通，前身均是当时的邮电部。

第二，制度因素通过改变企业的资源供给会影响到企业的战略演变。

转型经济中政府所采取的基于市场化的政策会对国有企业产生日益巨大的压力，迫使它们调整自己的战略选择，以适应不断变化发展的市场化竞争压力。然而除了脱胎于政府而导致的与政府有大量联系之外，更重要的是，由于这个产业有着通常理解的自然垄断性、信息安全性及网络外部性等显著的特征，因此，在这一行业里，政府等行业监管部门起着重要的导向、规划和规制等多方面的影响。而由于电信运营企业早已形成对政府意志的密切跟踪的习惯，其企业战略制定的重要基础就是对政府意图的分析。这也与实证研究发现战略选择是一个中介变量的结论相契合。这在中国移动集团的31家省公司的战略规划活动中成为普遍现象。中国移动等电信企业便是开展社会责任活动，也大部分是与政府的关注热点相契合，其极力迎合政府相关部门。以广东移动为例：

> 2006年以来，广东移动公司相继开展了大规模的"感谢广东""感恩广东""感动广东"的系列活动。其出发点被广东移动归纳为：第一，与政府主流舆论相呼应。第二，助力破解广东本地困局。因为广东省委书记汪洋书记提出"继续解放思想"的号召，"要以全球化视野构建广东现代产业体系"，"要把广东发展为信息经济中心"，今年广东的大方向就是"解放思想大发展"，"感动广东"活动的开展，

---

[1] 徐淑英，刘忠明. 2004. 中国企业管理的前沿研究[M]. 北京：北京大学出版社：149.

将有助于用信息化推动工业化，有助于用信息化助力广东工业的产业升级，有助于用信息化助力广东的粤商们升级，营造一个"创新到广东、创业到广东、创造到广东"的优质环境。

在实践中，广东移动也尽力将对社会的公益捐赠与政府部门相联系，例如，开展家庭文化节，与省委宣传部、省妇联、省家庭文化研究会合作，以"母爱之光"为主题开展多项活动，从而密切了与政府的宣传、行政管理等部门的联系。

第三，制度因素通过改变企业的资源供给会影响企业的竞争优势，而企业也可以利用合法性管理来提高资源的获取。

郭毅（2005）提出了组织场域下的企业持续竞争优势研究观点，认为企业战略决策过程就是企业在特定组织场域中根据组织目标来识别资源、动员资源、获取资源和运作资源的一个动态过程，而识别资源、动员资源、获取资源和运作资源过程中所体现出来的这种动态能力是企业获得持续竞争优势的源泉。

实际上，企业可以通过有效的合法性管理策略来获取资源，从而影响企业的可持续竞争优势。从这个角度看，制度合法性对企业竞争优势的影响也有了合理的逻辑。我们可以通过案例来进一步阐明：

仍以广东移动为例，其"感动广东"的系列活动中有"五新"活动——新精神、新文化、新发展、新责任、新公益。其中，新文化是开展手机"红段子"大赛，而这项活动获得政府对运营商手机营销的支持（还曾获得原政治局常委李长春的赞扬和批示），从而大大促进了手机短信和彩信业务营销活动的丰富性和收入提升。又如，广东移动以"助力产业升级"为口号，把自身的信息化发展同政府的规划、社会的发展紧密结合起来，作为开拓市场的利器——以"发挥信息化优势、营造信息化环境、拉动信息化产业、促进信息化创业、构建信息化生活、扶助信息化弱势群体"为口号，实际上是希望得到政府支持，直接获得政府采购订单或间接提供营销、切入市场的便利条件。表面上以实现"政府有门户、企业有网站、社区有主页、村村有宽带、人人有邮箱"的信息化发展，实际是开拓电子政务、企业信息化、宽带和移动互联网等市场。

### 5.3.1.2 客户要求显著影响企业的可持续发展战略及绩效，且企业可持续发展战略选择发挥着中介作用

客户要求对于企业可持续发展绩效的影响显著，而且是正相关关系。这也与客户导向的战略越来越为企业所重视和接受的趋势相一致。许多企业都认识到，竞争优势与客户资源的保持和发展密切相关。就电信行业的特点而言，客户规模尤其重要，这也是本研究选取了"客户规模增长率"作为客户要求的衡量指标的原因之一。电信产业的首要经济特点就是规模经济性，只有达到一定规模才会产生效益。基于这样的认识，电信运营企业对于来自客户的诉求显然是十分重视的。因此，来自客户的制度合法性压力就会直接影响企业的战略选择。战略选择决定企业采取的行动，即影响企业的可持续发展实践。客户通过货币选票影响企业的发展，是企业产品以及服务的最重要的检验者。我们从各省公司表达战略意图和战略选择的相关文件中，可以清晰地看到这一点。

例如，我们摘录了广西移动2008年的工作会议报告上的一段话：

"公司确立了2008年明确的发展方向，一是更加注重发展速度、质量和效益的协调，深入优化以客户为中心的运营管理机制，有效提升运营效率和客户价值。二是更加注重企业、社会和环境的协调，提高社会责任意识，提供优质信息服务，进一步提高公司的软实力和影响力，促进广西经济发展和社会进步。"

从这段话中，我们便可清楚地看到来自客户的要求被企业作为首要考虑因素。而且，"更加注重企业、社会和环境的协调，提高社会责任意识，提供优质信息服务"，实质上是将企业与社会、环境的协调作为满足客户需求、提供优质信息服务的必要内涵。显然，对拓展客户、改善客户服务的追求，已经体现出了其对客户关于可持续发展诉求的考虑和接受。

### 5.3.1.3 产业上下游要求显著影响企业的可持续发展战略及绩效，且企业可持续发展战略选择发挥着中介作用

产业上下游要求对于企业可持续发展绩效的影响显著，而且是正相关关系。这验证了目前电信运营业的产业生态系统的变化趋势。传统意义上的电信产业链中电信运营企业处于价值链的核心，而随着数据业务迅速发展、三网融合进一步推进，电信产业与其他产业的融合趋势日益明显、电信产业变得日益庞大而复杂，逐渐朝"去中心化"的方向发展。因此，也有更多声音开始质疑电信运营企业的绝对主导地位，而电信运营企业也在实践中不断完善与产业合作伙伴的关系管理与合作模式，近年来产业合作的论坛、产业模式创新越来越多地见诸报端，就是实践证明。

而随着电信运营企业日益将信息化作为发展的重点，战略联盟的重要性愈发凸显，可以预想，来自产业上下游的制度性压力会继续对企业的可持续发展实践产生影响。

在产业上下游要求对企业可持续发展绩效的影响中，企业可持续发展战略选择发挥着中介作用。这一点在电信企业战略选择的报道中也有明显的体现。在各家电信运营企业的工作会报告中，有关产业"合作"的篇幅在不断增大。

### 5.3.1.4 社会公众和媒体要求显著影响企业的可持续发展战略及绩效，且企业可持续发展战略选择发挥着中介作用

在对社会公众和媒体要求同企业可持续发展绩效的关系上，前人的实证研究也往往都验证了前者对后者的正相关影响。近几年来，电信运营企业一直在大力发展移动互联网，而由于内容监管和信息安全要求，运营商的经营风险加大。由于电信运营企业被认为在用户信息安全、政治敏感性信息治理、淫秽色情及低俗信息治理、垃圾短信治理等方面具有不可推卸的责任，因此一旦有关键事件爆发，就会被推到舆论的风口浪尖，导致电信运营企业既在不断加强信息安全管理，又在努力完善同媒体和公众的沟通机制，并通过参与公益和民生事业来树立责任型企业形象。本研究的结论与电信运营企业的实践十分符合。

## 5.3.2 对未得到实证支持的假设的解释

本研究在理论模型和假设部分认为其他企业的示范会促进企业选择可持续发展战略，并同可持续发展绩效是正相关关系。但通过相关模型的实证分析却发现其他企业的示范同企业可持续发展绩效的相关性不显著，也就谈不上有"企业可持续发展战略选择"在其中的中介作用了。原因可能是：这个变量的测量是针对每个省移动公司，加总计算其他30家省公司的可持续发展实践被报道的次数，作为对该变量的赋值。可能对于中国移动集团的各个子公司而言，由于彼此之间相互独立经营，在经营的地域上没有交叉，因此各省移动公司对于本地竞争对手、集团公司的要求更加关注，而并非其他省公司同期的实践。所以，"其他企业的示范"这个变量在模型中对企业可持续发展战略及绩效的影响就很可能不显著了。

事实上，尽管"其他企业的示范"的相关假设未能得到验证，但笔者认为：如果未来对这一变量的测量方法进行改进，通过大规模问卷调查或收集本地竞争对手的可持续发展实践二手资料，再对此变量进行测量，很可能还是能够证明其他企业的示范对于企业可持续发展战略及绩效的影响。因为，在这一变量相关假设的背后是制度合法性的一项关键机制——模仿机制。这样一种思考，也是未来的研究方向。

## 5.3.3 关于控制变量的讨论

### 5.3.3.1 内部资源配置对企业可持续发展战略及绩效的影响

本研究在理论模型和假设部分认为在集团公司投入资源少、要求高的情况下，子公司往往忙于生产经营的重任而无暇估计对环境完整和社会公平方面的要求，所以猜想内部资源配置同可持续发展绩效是负相关关系。笔者的这种观点通过实证得到了验证，内部资源配置要求对企业可持续发展绩效影响显著，而且是负相关。

### 5.3.3.2 企业规模和财务表现对可持续发展绩效的影响

在前人的研究中，企业规模往往被认为是存在影响，所以本研究将其和财务表现一起作为控制变量。但在模型检验时企业规模和财务表现对企业可持续发展绩效的影响并不显著。笔者认为，并不是这样两个变量对企业可持续发展绩效没有影响，而在于样本对象的选取。由于选取的是中国移动集团的子公司，尽管各个子公司之间存在较大的规模差距，但是否选择并注重可持续发展很可能不在于企业内部的制度因素，因为每个省只有一家移动公司，而当地行业监管机构、媒体和合作伙伴等并不会根据本地移动公司在其集团内的规模大小来决定自己的制度性要求。前面我们对移动公司的描述性统计特征也可以反映，即便在集团公司内部比较而言规模较小的企业，也具有较大的绝对规模，动辄几十亿元的总资产保有规模。因此，外部制度合法性动因与移动公司的规模并没有显著联系。而财务表现对企业可持续发展绩效的影响也不显著，很有可能是同企业规模影响不显著的原因相同，即是否选择并注重可持续发展并不在于企业内部的制度因素，而在于外部制度因素，以及可能更大程度上受到企业高管的认知因素影响。这种推测也给我们提出了进一步的研究要求，在未来的研究中应考虑测量企业高管的认知因素。

# 第6章 电信行业总体研究与对比研究：制度合法性与运营企业的CSD战略

## 6.1 从组织场域看电信行业的可持续发展

### 6.1.1 引言

在前几章中，本书针对中国移动31个省公司进行了一个制度合法性与企业可持续发展的实证研究。这是企业层面的分析，而组织理论近年来兴起的关于"组织场域"的研究观点展现了一种研究企业战略问题的新视角——组织场域不仅为分析企业战略决策行为提供了具体的情景脉络，而且也可以对企业"战略-环境"的相互构建和嵌套过程进行动态揭示和展现。本书前述的实证研究是运用中国移动31个省公司的数据，如果站在行业层面来进一步探讨电信业的可持续发展问题，笔者相信将能更好地运用制度理论来解释企业与制度环境之间的互动。因此，尽管电信行业的运营企业集团公司的数量较少（2009年1月中国联通与中国网通正式重组前只有四家运营企业集团公司，目前只有三家），不能满足实证研究的样本要求，但我们可以采用历史分析和叙事分析（narrative approach）的方法，比较详细地刻画事件的先后时序（sequences of events），以揭示情境和行动之间的联系，阐明变化发生的过程和原因，从而在行业层面对制度合法性动因与企业可持续发展之间的关系有更深入的认识。

历史研究能够使研究者追踪回溯环境和组织变化之间的关系（Tushman 和 Anderson，1986）。而叙事分析的方法则建立在历史的、纵向的数据基础之上，侧重于用来辨识事件发生的先后次序，并检验这些时序如何与特定的前提条件和原因相联系，又是如何塑造出特定的结果（Pentland，1999）。

对新制度主义理论，一直有批评认为其不能对变化的概念做出充分的解释（Brint 和 Karabel，1991；DiMaggio，1988；Hirsch，1997；Hirsch 和 Lounsbury，1997）。早期的新制度主义研究者重点在揭示制度促使组织寻求合法性和社会一致性（Orru，Biggart 和 Hamilton，1991），揭示出越来越多的组织具有趋同性（Kraatz 和 Zajac，1996）。但是对同构（isomorphism）的重点关注（DiMaggio 和 Powell，1983）造成了一种错误概念的盛行，即这一理论的特征只有稳定性和惯性（DiMaggio，1995；Greenwood 和 Hinings，1996）。为此，Hoffman 在 1999 年以美国化工行业为研究对象，站在组织场域的角度揭示了制度的演进过程，证实了场域相关参与者的演变和制度的演变是一致的。Hoffman 这一研究为我们探讨在不同行业中组织场域水平的制度演化现象，提供了重要参照。

企业成长的行为选择与路径实际上是根植于特定的制度环境的。因而，企业采取可持续发展战略，不是单个主体的独立行为，我们更需要将其放到组织场域的大背景之下去考虑。组织场域不同于行业，是围绕一个中心问题（如可持续发展的问题）建立起来的；场域的形成也不是一个静态的过程，在发生重构场域成员关系和交互作用形式的突破性事件后，新的讨论便尾随而来，从而可能形成新的场域（Hoffman，1999）。场域的变化，可以揭示出制度与企业之间的互动，而我们通过围绕可持续发展这一中心问题的组织场域的变化，可以观察出这种互动关系的特点。

## 6.1.2 组织场域相关理论文献与研究构念

（1）组织场域。

Scott（1995）认为，一个组织场域是"组织场域是由许多组织所组成的认知共同体，而在这个体系内参与者的互动远比体系外的互动要频繁而且更为重要"。组织场域的成员可以包括政府、主要交易伙伴、投资者、特殊利益群体、大众与媒体等，即包括任何能够对这个组织或者组织群体施加规制性、规范性和认知性影响的参与者（Scott，1991）。

Hoffman（1999）认为，不应该通过观察组织联盟的表面形式来分析场域结构的出现，而是要通过观察：①某些组织相互影响的程度的增加；②他们共享的信息量的增加；③他们都能够认识到参与在同一个辩论中的程度的提高（DiMaggio，1983）。组织场域是围绕那些对某一群体或组织的利益或者目标比较重要的问题建立的。即使一个组织或者一个群体选择漠视一个新出现的问题，其他的组织或群体也会为他们明确场域的形成过程。例如，当中央电视台在2009年11月集中报道关于手机互联网"涉黄"问题，虽然一开始中国移动集团公司否认自己疏于监管网络色情内容，但是它依然被强制参与和政府代理人、行业组织、消费者代言群体进行场域层面的谈话。另外，组织场域的成员关系也可能是有限的一段时间，和问题的出现、发展和平息的时间一致。例如，在2009年中央电视台3.15晚会曝光了山东移动公司垃圾短信和手机用户信息泄露问题时，中央电视台作为消费者的代言有着重要影响力。但是随着中国移动集团开始采取有效的补救措施，随着事件逐渐平息，中央电视台的影响力也下降了；但等到新的可持续发展问题出现时，其影响力又可能上升。

（2）制度和情境制度。

组织场域变成了"权力关系的活动领域"（Brint 和 Karabel，1991）。为了全面评价制度的复杂性，必须既分析基于问题的场域中的具体制度，又要分析该场域内主要的单个群体（或者相关者群组）的制度。

（3）制度演化和突破性活动。

一旦组织场域和引导性制度被定义，就会出现促使组织向惯性和同质化发展的力量了。稳定性是制度性环境的一方面，但是组织场域会随着组织或者组织群体交互作用而演变，随着彼此力量的消长而演变（Brint 和 Karabel，1991；Greenwood 和 Hinings，1996）。其次，随着场域结构的变化，制度也会相应变化。制度会在场域和种群的层面上被重新定义，以反映新场域的利益（Oliver，1991）。

组织演化进程中有着触发事件或者说突破性事件的问题。突破性事件会突然终止制度中固有的、惯性的东西的可能性（White，1992）。这些事件可以称作冲突（Fligstein，1991）、震荡（Meyer，1982）或者中断（Lorange，Scott Morton 和 Ghoshal，1986），并且有多种形式。例如，中国电信业的重组改革事件，来自外部利益相关者的制度压力会发生变化，各方对于企业可持续发展的理解会出现不同的关注点，彼此之间经过沟通重新确定对可持续发展内涵的定义。不管采取何种形式，在不同的组织层面上，突破性事件都是解释变化过程的关键。本书采用相似的形式，识别出引起组织场域重构的突破性事件，以及导致行为变化的制度。

## 6.1.3 中国电信业及主要运营企业的介绍

在前文中，已经介绍了中国移动集团公司的概况，就不再赘述。以下简要介绍中国电信业以及中国电信集团公司、中国联通集团公司、（原）中国网通集团公司的概况。

（1）中国电信业的发展概况。

20世纪90年代以来，中国电信业的高速发展举世瞩目。2009年，全国电话用户净增 7946.7 万户，总数达到 106107.2 万户。全国电信营业收入累计完成 8707.3 亿元，同比增长 4.1%，其中，电信主营业务收入累计完成 8424.3 亿元，同比增长 3.9%。作为国民经济的基础产业，电信业已从制约经济发展的"瓶颈产业"发展到能与国民经济各部门协调发展的产业，电信业对国民经济的影响日益突出。

（2）中国电信集团公司。

中国电信集团公司成立于 2002 年，是我国特大型国有通信企业，连续多年入选"世界 500 强企业"，主要经营固定电话、移动通信、互联网接入及应用等综合信息服务。截至 2008 年底，拥有固定电话用户 2.14 亿户，移动电话用户 3544 万户，宽带用户 4718 万户，集团公司总资产 6322 亿元，全年业务收入超过 2200 亿元，人员为 67 万人。

中国电信集团公司在全国 31 个省（区、市）和美洲、欧洲、香港、澳门等地设有分支机构，拥有覆盖全国城乡、通达世界各地的"我的e家""天翼""号码百事通""互联星空"等知名品牌，具备电信全业务、多产品融合的服务能力和渠道体系。公司下属"中国电信股份有限公司"和中国通信服务两大控股上市公司，形成了主业和辅业双股份的运营架构，中国电信股份有限公司于2002年在香港纽约上市、中国通信服务股份有限公司于2006年在香港上市。

在中国电信集团公司的网站上，介绍自己是追求企业价值增长的同时，坚持企业与社会、环境及利益相关者和谐共生，认真履行企业社会责任。2004年以来累计上缴利税725亿元，通过业务外包向社会提供近10万个就业岗位，积极参与社会公益事业，自觉承担扶贫援藏任务，广泛开展节能减排活动，保护行业"生态环境"，避免资源浪费和重复建设，圆满完成了北京奥运会等重大通信保障任务。特别是2008年汶川大地震、南方冰雪灾害发生后，中国电信快速反应，举全集团之力抢险救灾，以最快的速度抢通灾区通信，保障了救灾指挥和党政军、金融、电力等重要通信畅通，并为灾区提供免费电话、开通寻亲热线，为兄弟运营商抢险救灾、恢复通信提供帮助，表现出高度的社会责任感。

中国电信集团公司着力开发和推广信息化应用，努力使信息化成果惠及社会各行业和广大人民群众。先后为20多个行业和广大企业提供了针对性的信息化解决方案，服务领域从基础通信拓展到系统集成、网络安全、视频会议、视频监控、数据中心托管、呼叫中心及网络维护外包、网络管理、灾难备份、综合信息咨询等方面；认真履行电信普遍服务义务，积极服务"三农"，持续推进"村村通电话"工程和"千乡万村"信息化示范工程，落实"三电"下乡推广工作；主动为广大百姓提供"衣食住行用"等各方面的综合信息服务，为推动信息化与工业化融合，加快农村信息化建设，缩小城乡数字鸿沟，方便百姓享受信息新生活做出了应有贡献。

（3）中国联通集团公司（原）。

中国联合通信有限公司（原）成立于1994年7月19日。中国联通的成立对我国电信业的改革和发展起到了积极的促进作用。

中国联通在中国大陆31个省（自治区、直辖市）和境外多个国家和地区设有分支机构，控股公司是中国唯一一家在香港、纽约、上海三地上市的电信运营企业。截至2008年底，资产规模达到5266.6亿元人民币，员工总数为46.3万人。

中国联通拥有覆盖全国、通达世界的现代通信网络，主要经营：固定通信业务，移动通信业务，国内、国际通信设施服务业务，卫星国际专线业务、数据通信业务、网络接入业务和各类电信增值业务，与通信信息业务相关的系统集成业务等。

2009年1月6日，经国务院批准，在原中国网通和原中国联通的基础上合并成立现在的中国联合网络通信集团有限公司（简称中国联通）。

在本研究中，由于研究的是2004—2008年的中国电信业及运营企业，因此，指的是合并前的中国联通公司。

（4）中国网通集团公司（原）。

中国网通集团公司（原）是2002年5月16日根据国务院《电信体制改革方案》，在原中国电信集团公司及其所属北方10省（区、市）电信公司、中国网络通信（控股）有限公司、吉通通信有限责任公司基础上组建而成。

主要经营国内、国际各类固定电信网络与设施，包含本地无线环路；基于电信网络的语音、数据、图像及多媒体通信与信息服务，相关的系统集成、技术开发等业务。

2009年1月6日起中国网通与中国联通合并为中国联合网络通信有限公司，简称"新联通"。在本研究中，由于研究的是2004—2008年的中国电信业及运营企业，因此，指的是合并前的中国网通公司。

## 6.1.4 电信运营业可持续发展问题的组织场域与制度演化

本研究试图找出从1999年以来电信行业三个主要变量的纵向变化：①组织场域，即在定义可持续发展行为时，谁是相关的？②情境制度，即在场域中的电信运营企业，可持续发展问题是怎样被架构和定义的？③突破性事件，即在场域或者制度中，哪些事件具有转折或象征意义？

我们采用结构性内容分析的方法（structured content analysis），对中国移动、中国电信、中国联通这三家运营企业从1999—2009年工作会报道和年报中CEO致股东的信的内容进行了分析，识别了其中的关键词，并结合行业内权威媒体《人民邮电》的报道进行关键点的分析判断。

根据分析结果，我们可以看出电信运营业可持续发展战略的组织场域、关注的问题，都在逐步变化。可以分为四个阶段：

1）第一阶段：1999—2001年

具有突破性意义的事件：1999年固移分离、中国电信一分为四，成立了新的中国电信、中国移动以及中国卫通。中国电信的寻呼业务并入中国联通，以加强联通的力量。电信市场走向自由竞争，中立的监管部门信息产业部成立。对于电信企业而言，经营自主权意味着对效益和客户的真正重视。

对这一阶段三家运营企业可持续发展的关键词总结以及分析如下表所示：

**表6-1　第一阶段三家运营企业可持续发展实践的对比**

|  | 中国电信 | 中国移动 | 中国联通 |
|---|---|---|---|
| 企业可持续发展的关键词 | ● 公司治理<br>● 收购资产上市<br>● 经济效益改善<br>● 网络质量 | ● 企业管治的建设<br>● 收购资产<br>● 客户发展 | ● 收购资产<br>● 客户发展<br>● 网络建设 |
| 对关键词的分析 | ● 重点放在改制上市以及提高盈利能力上，同时为了给客户提供更好的产品体验、强调不断加强网络建设 | ● 强调抓住客户发展的有利时机，强调效益 | ● 电信改革为联通注入了活力，亟待改变落后状况，且开始建设CDMA网络，专注于经营效益的改善，为此大力发展客户。同时由于上市早，联通收购资产的步伐也更快 |

这一阶段，电信运营企业可持续发展的相关主体主要是投资者、客户。

2）第二阶段：2002—2006年

具有突破性意义的事件：2002年，中国电信南北分拆，电信业形成了新的竞争格局。竞争进一步加剧，这直接导致企业更加注重经营效益的改善，同时为了从政府获得更多的制度资源，更注重履行如"村通工程"之类的政治性任务。

对这一阶段三家运营企业可持续发展的关键词总结以及分析如表6-2所示。

表6-2　第二阶段三家运营企业可持续发展实践的对比

|  | 中国电信 | 中国移动 | 中国联通 |
|---|---|---|---|
| 企业可持续发展的关键词 | ● 公司治理<br>● 经济效益改善<br>● 管理提升<br>● 绿色上网以及关心弱势群体 | ● 收购与整合<br>● 业绩持续稳定增长<br>● 企业社会责任，重点是公益捐赠、应急通信 | ● 收购资产<br>● 经营效益改善 |
| 对关键词的分析 | ● 虽然经济效益的改善压力越来越大，但企业逐步重视对社会进步的更多责任，并在2004年年报中首次提出"绿色上网"以及关心弱势群体 | ● 开始比较系统的关注社会责任，重视过程中与政府的沟通，其公益捐赠、应急通信等都体现出与政府部门工作的结合 | ● 在竞争中，与中国移动的差距拉大，仍将发展专注于经营效益的改善。但对于客户服务提升投入加大。由于公司规模相对中国电信和中国移动较小，政治性任务的压力较小，而自身也对政治性任务投入较少 |

这一阶段，电信运营企业可持续发展的相关主体扩展为投资者、客户、社会公众、政府。政府对企业可持续发展的影响力在提升，而社会公众也逐渐展现了他们对电信企业在承担社会责任方面的要求。

3）第三阶段：2007—2008年

具有突破性意义的事件：中国移动在2007年初首次发布社会责任报告，这是电信运营业的第一份社会责任报告，具有转折性的象征意义；国资委在2007年发布了《关于中央企业履行社会责任的指导意见》，进一步推动了电信运营企业纷纷重视对环境、经济、社会三方面的协调发展。

对这一阶段三家运营企业可持续发展的关键词总结以及分析如表6-3所示。

**表6-3 第三阶段三家运营企业可持续发展实践的对比**

|  | 中国电信 | 中国移动 | 中国联通 |
|---|---|---|---|
| 企业可持续发展的关键词 | ● 公司治理<br>● 经济效益改善<br>● 管理提升<br>● 社会责任 | ● 管理提升<br>● 业绩持续稳定增长<br>● 企业社会责任，更重视普遍服务、绿色环保等主题，增加了对产业合作的强调 | ● 管理提升<br>● 经营效益改善<br>● 社会责任，主要是公益捐赠、关爱弱势群体 |
| 对关键词的分析 | ● 进一步凸显了社会责任，并在2007年开始强调秉持对经济发展、环境保护、社会和谐的全面责任原则 | 与其他运营商相比，更加重视社会责任管理的规范化和制度化，并更注重，并由于承担中国自有知识产权标准TD-SCDMA网络的发展任务，开始更加重视对产业的发展带动责任 | ● 受到中国移动和中国电信的影响，开始重视社会责任的履行，也提出在经济效益提升的同时加强对社会和环保的支持、参与。但行动上主要是对社会民生事业的支持 |

这一阶段，电信运营企业可持续发展的相关主体扩展为投资者、客户、社会公众、政府、环保机构、产业合作伙伴。环保机构和产业合作伙伴参与了进来，成为电信企业在制定可持续发展战略时也要考虑的因素。同时，值得注意的是，中国移动发布社会责任报告的背景之一，是其他行业大型央企（如国家电网公司）在2006年开始发布社会责任报告，并受到国资委的肯定和媒体赞扬。此后，中国电信、中国联通也明显增多了对社会责任的关注和采取行动，因此，有模仿机制在其中起作用。

4）第四阶段：2009年至今

具有突破性意义的事件：2009年中央电视台3月曝光垃圾短信事件，让电信运营商在客户信息保护、合法经营问题上面临窘境；2009年11月开始，以央视为首，各大媒体纷纷集中报道手机互联网涉黄问题，随后工业和信息化部在2009年12月4日启动打击手机淫秽色情专项行动。

对这一阶段三家运营企业可持续发展的关键词总结以及分析如表6-4所示。

表6-4　第四阶段三家运营企业可持续发展实践的对比

|  | 中国电信 | 中国移动 | 中国联通 |
|---|---|---|---|
| 企业可持续发展的关键词 | ● 公司治理<br>● 经济效益改善<br>● 管理提升<br>● 社会责任<br>● 网络信息安全 | ● 管理提升<br>● 业绩持续稳定增长<br>● 企业社会责任，强调绿色环保、公益慈善以及信息安全 | ● 管理提升<br>● 经营效益改善<br>● 社会责任，主要是公益事业以及信息安全 |
| 对关键词的分析 | ● 对社会责任的理解在增加内涵，越来越多地受到媒体的影响，出现了更多关于"信息安全"这类热点问题的应对思路 | ● 由于拥有庞大的手机客户，比中国电信和中国联通受到更多的关注，并将社会责任的重点放到了合法经营、网络信息安全等热点问题上，但同时也在继续推进公益慈善和环保计划 | ● 社会责任工作的关注更多，更多的报道出现，公司工作会和年报中开始增加对社会责任目标和行动的描述 |

　　这一阶段，电信运营企业可持续发展的相关主体扩展为投资者、客户、社会公众、政府、环保机构、产业合作伙伴、媒体。媒体对电信企业采取可持续发展战略的影响力急剧提升，例如，在2009年11月"手机涉黄"的曝光之后，虽然经济上有巨大损失，中国移动还是停止了与众多手机WAP网站的结算。

　　从内容分析后得出的关键词以及对关键词的分析，笔者认为，以中国电信、中国移动、中国联通这三家运营企业为样本来看，规章与政策、其他企业示范、媒体压力等构成影响企业可持续发展战略演变的主要制度因素。同时，企业自身的因素、市场因素也会影响企业的可持续发展战略制定和执行。从对电信运营业可持续发展问题的组织场域与制度演化的分析中，就能够看出：当市场竞争从垄断走向竞争时，企业刚开始关注的重点还是在于自身的经济发展；而且越是像中国联通这样在竞争中处于不利地位的企业，越晚关注可持续发展，对可持续发展采取的行动范围也相对较窄。

企业可持续发展的战略也是随社会、环境变化而不断演进，从时间维度来看是一个动态演进过程。是一个逐步由短期经济发展到长期可持续发展，从强调自身经济发展到逐步加入对客户、政府、产业合作伙伴、公众和媒体等利益相关者的考虑，最终追求在经济、社会和环境方面的和谐发展。

# 6.2 各运营企业可持续发展战略的对比分析

## 6.2.1 各运营企业的制度动因对比

前文分析和构建了制度合法性动因与企业可持续发展战略及绩效之间的理论模型，并通过中国移动31省公司的数据进行了实证研究。这里，我们选择四家运营企业的数据来进行对比分析。

与前文的实证研究类似，对于理论模型中的诸多变量我们也有采取内容分析法来对变量进行赋值。本研究将四家运营企业的可持续发展战略选择进行了对比。本研究对四家主要运营企业在可持续发展战略选择方面的报道均进行了收集和整理，包括各家运营企业的年度工作会、高管访谈、发布会等场合披露的运营思路和策略。并根据提出的编码标准进行了编码。其测量方法与对中国移动31省公司的实证研究中的测量方法类似，在此不再赘述。

从数据来看，各家运营商面临的行业监管约束基本一致，这主要是因为在集团公司层面受到的行业监管约束非常相近。而在"产业上下游要求"、"社会公众和媒体要求"方面，各家运营商数据呈现一定的差异。至于"客户要求"等变量，囿于数据获取难度，本书暂不讨论。

从图6-1、图6-2中，可以看到各家运营商在产业上下游要求、社会公众和媒体要求两个方面的制度动因存在较为明显的相似，而且中国移动在这两方面的制度动因都超过另外三家企业，这与中国移动庞大的个人客户群以及收入规模也有关系，正如前面文献综述中提到的企业面临的制度压力同其可见性（visibility）有一定的关系。

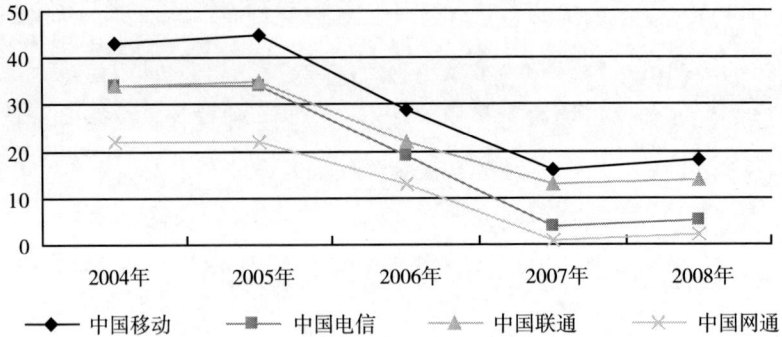

图6-1 四家运营企业面临的制度动因——"社会公众和媒体要求"

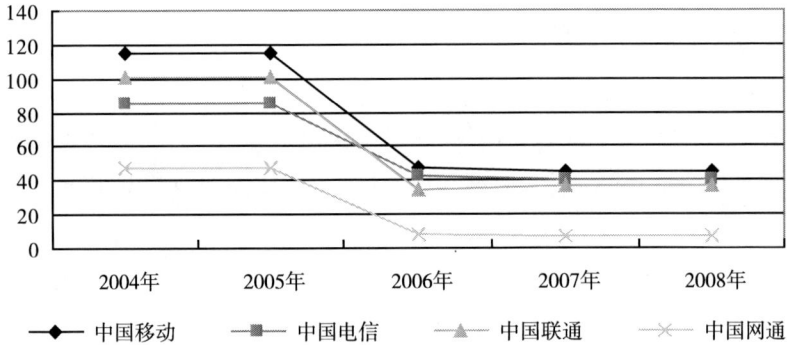

图6-2 四家运营企业面临的制度动因——"产业上下游要求"

## 6.2.2 各运营企业可持续发展战略选择与绩效的对比

可持续发展战略选择的内涵对比：

图6-3、图6-4对比了几家运营企业的可持续发展战略选择与绩效的定量描述，从中也可以看出三个要点：第一，各家运营商对可持续发展战略选择的态度有着较大差别。中国移动在可持续发展方面有着更为积极的态度，之所以得出这个结论，跟数据获取方式密不可分。由于这两个变量都是依靠对权威媒体报道的分析而进行编码获得，而对可持续发展战略选择的定量描述是统计了各家运营商符合本研究提出的可持续发展评判标准的数量，所以可以知道中国移动也许是因为与媒体有着积极的沟通，从而得到了更多的关注；也许是因为其

在可持续发展实践方面确有成效或努力，从而引来媒体的主动关注。无论是哪种原因，都说明了中国移动在企业可持续发展战略选择上的积极姿态。第二，在不同的时期，电信运营企业的可持续发展战略选择上也有波动。第三，通过对比图6-3图6-4，我们可以观察到可持续发展战略选择与可持续发展绩效之间很可能有着正向的相关性。

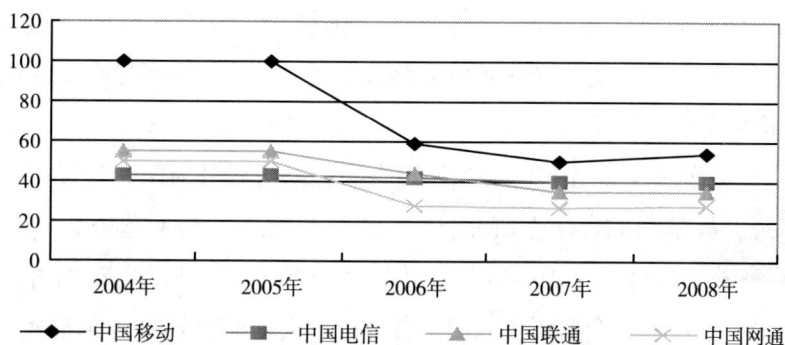

**图6-3　可持续发展战略选择的定量描述**

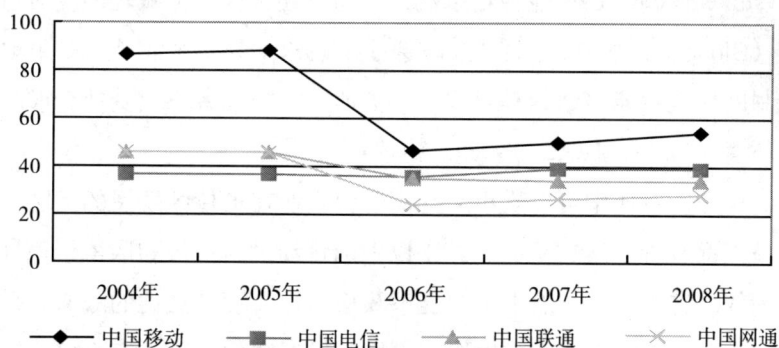

**图6-4　可持续发展绩效的定量描述**

从以上分析中，我们可以初步判断，在相同或相近的制度情境下，企业的可持续发展实践存在差异。而这种差异就将是未来研究的方向，可以在企业层面进行深入挖掘，围绕可持续发展、进一步揭示企业与制度之间的互动。

## 6.2.3 可持续发展战略异同的制度性分析

Bansal（2005）曾指出，随着可持续发展战略越来越普遍，相应地需要理解影响这种承诺的动因。为了回答企业什么时候和为什么承诺可持续发展，理解社会和经济过程如何相互作用非常重要。

从四家运营企业的数据对比来看，笔者判断其中存在制度趋同的现象。从上面的图中我们可以观察到：在2004—2005年中国移动在可持续发展方面走在了前列，另外三家运营企业还较为落后，而之后两年则明显发生变化，很可能是模仿机制起了作用。

在第2章的文献综述里，提到制度合法性的研究分为两大阵营——制度观和战略观。战略观的合法性研究将组织合法性视为一种运营资源（Suchman，1988），突破了制度视角中企业的被动行为，更强调企业的主动作用。除了被动接受制度的要求，企业还可以通过各种力量去选择和影响制度环境。政治视角下企业有两种特定的战略取向："讨价还价权"（bargaining power）和"战略选择"（strategic choice）。企业可以利用"讨价还价权"去减轻制度对自己的不利影响（Blodgett，1991）。而"战略选择"视角认为，企业难以简单地通过谈判改变制度环境，能够做的是寻找一个更加适宜的或者不太受社会或政治压力影响的环境（Child，1972，1997）。

我们从分析对比中可以看出来几家运营企业在可持续发展的问题上其战略选择和绩效都有着一定的差异，其中以中国移动最为积极和取得了最好的可持续发展绩效。这也反映了企业如果能够积极采取管理合法性的战略、采纳操纵（municipate）环境的策略，可以取得更好的发展绩效。这一点不仅适用于创业企业，对于大型国有企业而言，要保持自己的合法性、在新的领域获得合法性，其实都是需要积极管理合法性、权宜使用顺从或操纵环境的策略。

笔者认为，大型国有企业为了保证并不断提升自己的合法性，也需要采取大量的操纵环境的合法性策略。操纵环境来获得合法性，有利于大型电信企业的创新成长。

实际上，制度合法性意味着可以给企业带来制度资本，有助于企业保持或建立新的竞争优势。首先，具有合法性的企业比那些合法性受到质疑的企业更有机会获取，或者以更优惠的条款获取高质量的资源。因为，一方面，与具有合法性的企业交易，可以提高交易伙伴的合法性。另一方面，合法性较低的企业破产的风险更大。其次，合法性可以提升企业的社会地位，更能得到政府的认可与支持，例如，获得政府采购、获得政府的补贴或者其他资金的投入；再次，合法性可以提高企业的可信度（credibility），从而能较容易地从外部吸收融资和人力资本；最后，合法性可以通过增加公众对其商业信誉的认可，从而直接促进对产品和服务的购买，有利于提高企业的绩效。

目前电信企业都面临创新开拓领域的任务，如开拓移动互联网、物联网、三网融合市场、3G新市场等。在新的领域里，例如，中国移动与广电部门合作开拓三网融合业务，在试图进入广电领域的时候，中国移动就如同创业企业一样，需要赢得公众对于他们提供广电融合产品的信任、需要获得广电部门的信任与降低交易成本。那么根据创业理论研究的结果"要想在创业过程中提高新创企业的绩效，与其通过被动服从的方式来获得合法性，还不如采取主动争取的方式"（Tornikoski 和 Newbert，2007），电信企业也应该采取操纵环境的策略。

# 第7章 对电信运营企业制定和实施可持续发展战略的建议

## 7.1 构建电信运营企业可持续发展评估指标体系

如本书2.2.4中对企业可持续发展进行回顾时总结的那样，每个行业都有其不同的特点，因此不同行业的企业可持续发展有着不同的内涵和判断标准，即应结合电信行业的特点来讨论用于判断企业可持续发展的标准。与此同时，为了促进可持续发展，电信运营企业可以建立一套可持续发展评估指标体系，用于评估企业的可持续发展能力和潜力，帮助发现并改善能力短板，指引公司更有效地落实可持续发展战略。

建立这样一套可持续发展指标体系，一方面是注重未来，对长期发展所需能力和市场潜力进行综合评估，另一方面是做到内外兼顾，既强调企业自身能力建设，又强调企业与外部相关方及环境协调发展。这样才能真正促进企业关注长期可持续发展，注重与环境、社会各个方面的协调发展。

1）可持续发展评估指标体系的构建步骤

电信运营企业可持续发展评估指标体系的构建可遵循四个步骤：

（1）定义可持续发展的关键要素。综合考虑利益相关各方的需求，定义可持续发展的关键要素。

（2）分解关键要素、建立指标体系。将可持续发展的关键要素逐层分解，建立可持续发展的评估指标体系。

（3）确定指标衡量方法和标准。对不同的指标采取不同的衡量方法和标准。对定量指标，通过数据收集，确定评估方法，并进行量化分析；对定性指标，通过各种调查方法工具来进行定量化，确定指标衡量标准。

（4）搭建全面指标体系。对各指标进行汇总和系统梳理，确定各个指标之间的权重，搭建一个相互联系、均衡的指标体系。

2）可持续发展关键要素的界定

在搭建可持续发展指标体系的几个步骤中，对于可持续发展关键要素的定义是最重要的。电信运营企业首先应综合多方的研究成果定义企业可持续发展关键要素。一方面，深入研究可持续发展规律及企业发展的一般规律；另一方面，应充分结合行业发展规律及企业自身特点。

综合考虑利益相关各方的需求，定义可持续发展的关键要素的思路如图7-1所示。

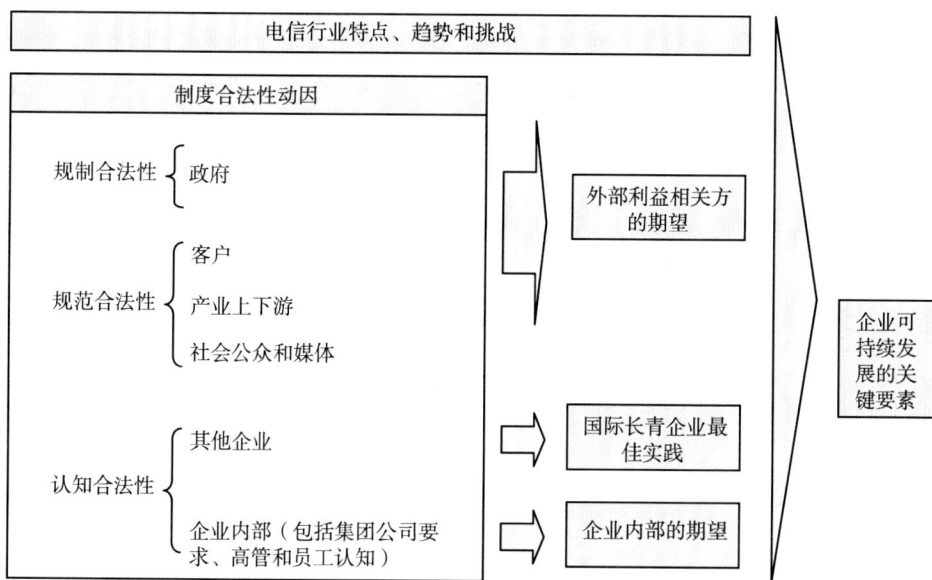

**图7-1　定义电信运营企业的可持续发展关键要素的思路**

总的思路是：基于电信行业特点、趋势和挑战，充分考虑来自政府、客户、产业上下游、社会公众和媒体等外部利益相关方的期望，结合国际长青企业和业内公司最佳实践，以及企业内部的期望，总结企业可持续发展的关键要素。

需要特别说明的是，尽管在前文中并没有针对投资者提出变量来进行实证研究，因为目前中国几大电信运营企业均为国有大型央企，其最大的股东是国资委。国资委作为出资人对于电信运营企业的监管，与工信部等政府机构对电信运营企业的监管一样，都是产生规制合法性，且政府管理的色彩浓厚，为研究的方便，本研究中认为可以将来自投资者的合法性动因一并纳入行业监管机构的合法性动因中进行测量、分析，但考虑到今后电信业将进一步改革、可能进一步扩大公众投资者在电信运营企业中的持股份额，因此，出于前瞻性的考虑，笔者认为在分析、建构电信运营企业的可持续发展评估指标体系时，也可以将投资者作为单独考量的利益相关方。同时，由于行业竞争越来越激烈，处理好同业者关系也成为企业和谐发展的必要条件，因而，笔者认为可以将同业者关系也同样纳入可持续发展评估指标体系中。另外，对于企业内部的合法性，在3.1章节中已述及，内部的认知合法性包括公司高管和普通员工对于企业可持续发展的熟悉和了解。因此，在总结利益相关方的可持续发展关键要素时，我们还需要考虑企业高管和员工的诉求。而如果是集团公司下属的子公司，其规范合法性还会产生于集团公司对子公司的管理要求，我们也需要考虑集团公司的可持续发展诉求。

3）可持续发展指标的衡量方法

在搭建起来的指标体系中，会有不少指标是定性指标，如何测量就是一个问题。笔者认为主要可采用四种方法来进行衡量。

第一种方法是第三方问卷调查：通过评分方式把定性内容以定量方式反映，全面了解客户、投资者、供应商、合作伙伴等对企业可持续发展能力的评价。

第二种方法是专业系统评估。由公司总结自身情况，提交专业系统进行评估，例如，对管理创新、科技创新、企业社会责任管理、战略管理等方面的评估，均可由专业系统来实现评估。

第三种方法是关键事件法。针对工作过程中出现的关键事件，制定相应的扣分和加分标准。

第四种方法是通过媒体报道来评价。统计公司在各种媒体的正负面报道的次数和质量，以及其他各种对公司的可持续发展能力评估有影响的信息。

至于对各个指标之间的权重，可采用层次分析法来确定权重。层次分析法的基本思路是把一个复杂的问题表示为有序的递阶层次结构，通过人们对决策方案的判断，进行优劣排序。首先把要解决的问题分层系列化，形成一个递阶的、有序的层次结构模型；然后对模型中每一层次因素的相对重要性给予定量标识，再利用数学方法确定每一层次因素相对重要性的权值；最后通过综合计算各层因素的相对重要性的权值，得到各层相对重要性次序的组合权值。

运用层次分析法解决问题，大体要经过以下四个步骤：①建立层次结构模型；②构造两两比较判断矩阵；③进行层次的单排序及一致性检验；④进行层次的总排序及一致性检验。

# 7.2 电信运营企业可持续发展战略的实施建议

## 7.2.1 制度合法性的管理

1）积极管理合法性，塑造企业形象

从前述对于中国移动、中国电信和中国联通的制度合法性与电信运营企业可持续发展战略之间的演化关系分析中，我们可以看出电信运营企业在可持续发展的问题上是从刚开始的适应策略到后来的积极控制策略。各家运营企业在可持续发展战略的选择和执行上，是越来越愿意主动采取促进社会公平和环境完整的行为，尽管这些行为并不是行业监管机构的规制性要求。与此同时，本研究的数据分析也证明了企业采取可持续发展战略，对于其财务绩效有着促进作用。

因此，笔者建议电信运营企业结合采取适应合法性和操纵合法性两种战略。一方面，遵循规章和规范，保证对与制度合法性的获取。另一方面，通过主动开展责任营销，加强与政府的沟通合作，强化具有公信力的利益相关者群体对责任活动的感知，树立责任型企业形象。电信运营企业应围绕政府重点工

作与区域性重大事件积极开展责任营销，例如，紧抓政府制定"十二五"规划
的有利时机加快对地方政府重点行业信息化的嵌入力度，通过移动信息化助力
地方产业转型；以公关宣传为突破口，前瞻性地对政策进行引导，为社会福
利、文化、环境等与生命品质相关所有方面的改善做出表率，提高对政府的影
响力。

2）着力实现创新发展，获取新领域的合法性

企业可持续发展离不开对新领域、新市场的开拓，而对于电信运营企业而
言，产业融合背景之下急需加快开拓发展移动互联网、物联网以及 TD 运营等
新的领域和新的业务。在新的领域获取制度合法性，类似创业企业的合法性获
取。电信运营企业可采取以下方式获取认知合法性与社会政治合法性：

（1）组织内。通过符号化语言和行为来扩大认知基础，以获得认知合法
性；通过与所讲的故事保持一致来建立可信性，以获得社会政治合法性。

（2）行业内。通过与主导性设计保持一致来扩大认知基础，以获得认知
合法性；通过一致的集体行动来树立值得信任的形象，以获得社会政治合
法性。

（3）行业间。通过主动加入第三方认证来扩大认知基础，以获得认知合法
性；通过与其他行业进行谈判和妥协来建立声誉，以获得社会政治合法性。

（4）公众层面。通过教育和培训公众来扩大认知基础，以获得认知合法
性；通过广告和公关活动来建立合法性，以获得社会政治合法性。

## 7.2.2 构建可持续发展的机制保障

1）推进组织变革，匹配战略实施

建立促进可持续发展的内部管理体系，完善可持续发展的相关工作模式。
制定可持续发展的关键指标，由专门的机构负责定期完成对企业可持续发展能
力的评估工作，检查发展短板、形成改进意见，从而成为公司发展的重要推动
力。建立健全企业社会责任活动的闭环管理流程，制定相应的组织和制度，推
进企业社会责任活动的常规化制度化运行。

2）塑造可持续发展的文化保障

加强企业可持续发展的理念宣贯和文化建设，通过培训和教育塑造企业上下共同的可持续发展观。同时建立完善的企业文化执行体系，从建设团队、明确权责、制定流程、塑造文化和效果评估等方面，提升企业文化执行力。

3）打造和谐的产业生态系统

电信运营企业应重视对产业生态系统的建设和领导责任，加强合作伙伴管理，提高产业链领导能力。改进与战略的衔接、合作范围与模式、项目管理、考核与激励、创新管理等关键问题，提升各方积极性和创新动力，实现多方合作共赢。例如，建立信息沟通平台和合作信息通报机制，制定合作伙伴分层管理办法和合作伙伴分层激励方式等。

## 7.2.3 开展人才价值工程，深化以人为本理念

结合行业特点，一方面深化对员工的关爱活动，加强员工的福利管理，提高员工的凝聚力、向心力与忠诚度；另一方面，构建以能力为核心的人才价值体系，全面提升员工素质能力，从而提高企业对外的竞争力、创造企业与员工的双赢局面。

要充分重视知识管理对于人才价值的作用，深度整合知识资源，夯实知识管理基础。电信运营企业应建立面向全业务运营的知识管理体系，制定知识管理战略，夯实知识管理基础，健全知识管理机制，丰富知识管理活动，提升人才与组织的学习能力，提高知识应用效果，实现知识增值，提升知识对人才成长的支撑力度。

# 第8章　电信运营商可持续发展战略的新动向

## 8.1 中国电信寻求制度合法性的新重点

运营商对企业可持续发展的理解，已然发生变化。最大的变化就是从促进社会发展与环境和谐等可持续发展的一般要素上，逐渐转向紧跟政府的经济社会发展政策走向，变得更加重视获得规制合法性。

2012年12月31日，习近平总书记在十八届政治局第二次集体学习会上强调，改革开放只有进行时没有完成时，要协调推进各领域各环节改革，努力把改革开放推向前进。随后，李克强总理在国务院召开的全国综合配套改革试点工作座谈会上也强调指出：改革是中国最大的红利。

体制机制的改革，成为包括大型央企在内的各类国有单位的关注焦点及重要任务。

2013年11月12日十八届三中全会发布的《中共中央关于全面深化改革若干重大问题的决定》将发展混合所有制经济提上议事日程，希望构建公平、公正的市场平台，促进国企实力与民企活力的融合，创造中国企业的核心竞争力。混合所有制经济从微观层面上看是一种处理国企与民企之间关系的手段，即国有企业与民营企业之间的混合，以期达到取长补短，优势互补，改善企业效益的目的。混合所有制成了国企改革的热点。同时，加强国有企业的创新能力建设，也成为这一轮国企改革的重要目标。

以中国电信为案例，观察运营商是如何通过解读和落实政府政策来不断得到政府的认可，获得规制合法性：

1）中国电信创新能力建设

中国电信孵化基地，是其打造创新能力的重要抓手。孵化基地于2012年3月挂牌，并于当月从中国电信集团内部382个创业项目中选出14家创业团队，引入孵化基地。2012年5月，天翼创投公司成立，孵化基地开始进行公司化运作。中国电信孵化基地自2012年3月正式成立以来，已经引入14个创业团队入驻，创业项目涵盖移动互联网、物联网、云计算、电子商务等多个战略性新兴产业。按照中国电信自己的说法，孵化基地既是中国电信施行联产承包责任制的"小岗村"，又是改革开放的"深圳特区"，是国有企业在创新领域创新发展的第一次。孵化基地是中国电信实施战略转型，推进科技创新的重要单元。

孵化基地主要为创业团队提供资金、创业指导、法律、财务等方面的服务，创业团队初期可向天翼创投申请5万—10万的孵化启动资金，后期可申请500万元以内的创业投资基金，并在后期利用多方资金资源为创业企业后续发展提供各种融资性支持，如政策性贷款、担保贷款、小额贷款、天使投资、风险投资等。此外，还可为在孵公司提供企业改制及上市服务等。

在不少业内人士看来，孵化基地改变了中国电信既有的业务创新模式，把传统的领导负责制的业务创新改变为自己创业、自己负责的模式，激发了创业团队的创新积极性，这可以有效挖掘中国电信内部的创新潜力。

而在此前，受制于央企的体制机制，中国电信面向公众客户的服务很难在具体的业务上实现具有市场化价值的产品创新。

有孵化基地的创业团队负责人就表示，此前在中国电信体制内部，由于体制不畅，中国电信很难在面向公众用户的产品上实现创新，但在孵化基地的创业模式下，这种情况得到了改变："孵化基地打破了原有体制下的创业和创新机制，使创业团队可以冲破原来的条条框框，在利用中国电信相关资源的基础上，专心研发和推广产品。"

中国电信集团董事长王晓初表示，设立孵化基地的主要目的是发现适合和开发移动互联网产品；培育中国电信新的业务增长点，同时培养一批互联网技术经营和管理人才，为中国电信深化转型和创新积累经验和人才。

王晓初称，中国电信今后一方面要继续坚持"专业孵化+创业导师+天使投资"的孵化模式，探索和推动持股孵化及市场化运行机制，提高孵化有效性和成功率；另一方面要专注于资本运作，积极探索引入民间资本和寻找对外投资的机会，适时引入民企的投资管理机制和人才激励机制，打造"责权利统一""鼓励成功""宽容失败"的创新体系。

2）中国电信混合所有制的积极探索

2014年5月13日，中国电信在"2014开放合作大会"上正式宣布，将积极探索混合所有制改革，率先开放互联网、信息服务、移动社交、创投四大新兴业务给外部资本。外界普遍认为，中国电信此举将极大地推动电信业混合所有制改革进程，越来越多的电信业务将会在未来逐步向民间资本开放。

随后，2014年7月21日，中国电信集团公司与北京中文在线数字出版股份有限公司、江苏凤凰出版传媒股份有限公司、新华网股份有限公司、天翼阅读文化传播有限公司（中国电信旗下的阅读公司），在北京举行天翼阅读引入战略投资合作伙伴签约仪式。根据协议，中电信将引入中文在线、凤凰传媒、新华网作为天翼阅读的战略投资者，三家战略投资者共投资13892万元，占天翼阅读增资后20.7%的股权。

据中国电信介绍，增值扩股后各方将投入各自优势资源，在渠道推广、市场营销、版权运营和企业管理等方面为天翼阅读提供支持，并推动各方所属企业和已投资企业与天翼阅读协同发展，形成资源互补优势和产业链上下游的合作，共同推动天翼阅读实现跨越式发展。中国电信同时表示，此次合作标志着中电信继续以混合所有制为导向，在需要引入能力、资本、创新活力的重点领域，持续加大开放合作力度。

中国电信还特别强调，在达成此次合作的同时，中国电信还将在天翼阅读启动员工持股计划。员工持股计划也是中电信混合所有制改革的重点之一。

在5月中旬正式宣布启动混合所有制改革后，中国电信已进行一系列改革尝试。6月9日，中国电信旗下新兴业务公司炫彩互动网络科技有限公司引入顺网科技和中国文化产业投资基金作为战略投资者，并于当日与两家公司正式签署增资扩股协议。顺网科技和文化基金合计投资3亿元，占炫彩互动增值后股权的30%。

3）中国电信所代表的合法性管理路径

中国电信代表了运营商一种典型的合法性管理方式和路径。即采取适应合法性和操纵合法性两种方式。一方面，继续遵循政府的管理规范，包括在客户服务、社区贡献、环境保护等方面的社会责任活动继续参与，保证基本的认知合法性。另一方面，则紧抓政府的发展重点，主动开展创新探索，将自身的经营活动与政府重点工作紧密结合，树立不断创新和值得信任的形象，获得更多的社会政治合法性。

# 8.2 中国移动寻求制度合法性的新重点

中国移动与中国电信在合法性的管理上有所不同。主要体现为中国移动更重视规范合法性，即更多地重视对客户及产业上下游的合法性管理。但相同的是，中国移动也逐步强化对规制合法性的获取。

如中国移动在2014年3月披露的可持续发展报告中所说："我们努力回应股东和投资者期待，积极追求廉洁健康发展，加快转方式、调结构，创新推动4G技术发展与商用进程，为股东和投资者持续创造价值；我们把握4G时代的发展机遇，成功带动TD产业链壮大发展，搭建负责任的供应链，与合作伙伴携手促进通信产业转型升级与可持续发展；我们围绕网络质量、信息安全、隐私保护、资费服务等客户关注的重点问题，全面改进优化服务，致力保障客户安心、便捷消费；我们关注转型中的员工需求，发现和表彰默默奉献的'最美移动人'，给予他们尊重与认可，支持员工职业发展，帮助他们实现自身价值；我们关心所在社区需求，参与、支持社区发展，扶助弱势群体，共筑美好家园；我们严格管理自身环境影响，积极利用移动信息技术，帮助应对气候变化和保护生态环境，与相关方共同建设生态文明。"

尽管中国移动全面提到了每个相关方，但对每个相关方的重视程度是不一样的。观察中国移动自2007年以来的每年披露的可持续发展报告，可以看到它对可持续发展战略的理解：一方面在逐步重视规制合法性与规范合法性，另一方面对规范合法性的重视比中国电信更加明确与突出。

1) 规范合法性的获取

在规范合法性的获取方面，中国移动最大的努力就是积极推进TD-LTE的商用。

根据中国移动公布的数据：2014年，中国移动在网络方面的目标是建成全球最大的4G网络，2015年年底基站总数将超过50万。2014年底前可向北京、上海、广州等16个城市提供4G服务；2015年中预计100个城市具备4G商用条件；到2015年底，超过340个城市的客户可享受中国移动的4G服务。在终端方面，2014年以来，成功推出五模十频、五模十二频的MiFi、CPE等数据产品和智能手机，实现了VoLTE终端的突破，预计2015年4G手机的种类将超过200款，同时还将推出4G千元智能手机、中国移动自主品牌的4G手机等。2014年，中国移动的TD终端销售目标是1.9亿—2.2亿部（包括1亿部TD-LTE终端），其中裸机销售占比将超过50%。在此基础上具有4G融合特色的各种行业和个人应用也将陆续推出。

中国移动将重点围绕新技术、互操作、VoLTE等方面开展研发及产业化推进工作，力争2014年内推出满足中国移动要求的VoLTE商用产品，实现VoLTE商用，推动4G在全球范围内更广泛的商用和普及。而对企业自身，中国移动也将努力减少中间成本，提高工作效率，保护合作厂家的利益，为合作伙伴提供更加具有竞争力和吸引力的价值空间，使各方受益。

中国移动依托TD-LTE网络，推出了全新商业主品牌"和"，称其代表着积极的态度、向前的动力和创新的精神，表达了中国移动将时刻在客户身边、助力梦想实现。

这些都是中国移动投入了大量资源的核心工作，在中国移动的可持续发展战略中是首当其冲的要点。

2) 规制合法性的获取

中国移动在规制合法性方面，更多的是遵循要求、自我审查式的努力。中国移动集团自2011年起有共计14名高管被调查或已被司法审判，在社会上引发极大关注。中国移动反腐倡廉工作面临十分严峻的形势，这些腐败案件造成了严重的负面影响。

于是，中国移动提出明确将反腐倡廉作为公司发展战略的组成部分。2013年，通过建立健全惩治和预防腐败体系，强化管理监督，持续开展反腐倡廉教育，不断加大信访核查和案件查办力度，深入推进反腐倡廉建设。

为落实反腐责任，中国移动构建了集团公司、省级公司、地市分公司和各专业条线相结合、覆盖全集团的反腐倡廉责任体系。各公司（单位）共签订廉洁责任书10925份，促进各级经理人员认真履行"一岗双责"。同时，中国移动将廉洁风险纳入全面风险管理，制定了《关于推进廉洁风险防控工作的实施意见》，明确工作原则、实施步骤、工作内容和工作要求；组织开展交流研讨，所属各单位开展廉洁风险防控项目，逐步建立风险防控体系，进一步强化廉洁风险防控。

为完善制度约束，中国移动修订完善了"三重一大"决策制度实施办法和"三重一大"事项目录，分类优化"三重一大"决策制度的贯彻落实，防范决策风险。公司还通过巡视监督、效能监察等监督形式，发现并修补各项管理制度中的问题。2013年，各单位共立项开展217项效能监察项目，整章建制332个。

为加强举报查处，中国移动目前设有邮政信箱、电子信箱、专线电话、传真、短信等举报渠道，鼓励员工和公众进行内外部监督，通过多种途径举报腐败行为。在采购招投标活动中，在招标文件、采购网站等媒介上公开举报渠道，对在采购招投标活动中存在的违纪违法违规行为进行监督，并受理有关信访和举报线索。

# 第9章 研究结论与未来展望

## 9.1 研究的主要结论

本书采用实证主义研究方法，同时将理论演绎与实证方法相结合，回顾了制度合法性以及企业可持续发展理论的相关研究成果，探讨了企业可持续发展战略的内涵，从电信运营企业的角度提出了对制度合法性的认识，构建了一个制度合法性动因影响企业可持续发展战略选择，进而影响公司绩效的概念模型。同时，通过内容分析法整理二手资料，进行了实证研究，分析了企业外部、内部制度合法性动因对于企业可持续发展战略及绩效的影响关系。以权威媒体报道作为数据源，整理了中国移动集团31省公司及中国电信、中国联通集团公司的二手资料，结合企业的财务和客户方面的二手数据，对概念模型进行了验证。得到了如下基本结论。

（1）从规制、规范和认知三个方面来看电信运营企业的外部制度合法性，规制合法性产生的制度压力主要是行业监管约束，规范合法性产生的制度压力则来源于客户要求、产业上下游要求、社会公众和媒体要求，认知合法性对电信运营企业的制度压力主要来源于其他企业的示范。而对于集团公司的各个子公司而言，其内部制度合法性主要可以从规范和认知两个角度来衡量，一方面来自电信运营企业内部集团公司对子公司的管理要求，另一方面合法性主要来自企业上下，包括公司高管和普通员工的认知。

（2）本研究在整合企业可持续发展的相关研究成果基础上，提出企业可持续发展战略的定义：企业可持续发展战略是企业为实现环境完整、社会公平、经济繁荣而进行的目标设定、策略制定以及行动安排。

（3）制度合法性首先影响的是企业选择制定怎样的可持续发展战略目标。这种可持续发展战略目标会指导企业行动，从而影响企业产生怎样的环境绩效、经济绩效和社会绩效。因此，制度合法性对企业可持续发展的影响，是先影响企业的可持续发展战略选择，例如制定符合可持续发展原则的目标，进而影响企业的可持续发展战略绩效（包括环境绩效、经济绩效和社会绩效）。在以往的研究中，许多学者是直接将制度因素作为解释变量与企业可持续发展这一被解释变量进行相关性研究，而未考虑到企业管理决策者认知的因素。笔者认为，企业管理决策者在意识到制度要求之后做出选择、而这种选择行为是一个中介变量。另外，根据对企业可持续发展战略的定义，对于企业可持续发展战略选择，应从环境完整、经济繁荣和社会公平这三个方面来进行测量。

（4）本研究通过实证研究主要得到以下结论：①行业监管约束显著影响企业的可持续发展战略及绩效，且企业可持续发展战略选择发挥着中介作用。主要原因在于有着与政府部门传统的上下互动关系，同时制度因素通过改变企业的资源供给会影响企业的战略演变。②客户、产业上下游、社会公众和媒体的要求，均对企业可持续发展绩效有显著影响，且企业可持续发展战略选择发挥着中介作用，其中对客户要求、产业上下游要求是完全中介作用，而对社会公众和媒体的要求，则是部分中介作用。③企业规模和财务表现不一定显著影响电信运营企业的可持续发展战略选择。

（5）从电信行业层面来看，围绕企业可持续发展，电信业形成了一个组织场域，且组织场域与制度共同演化。电信运营业可持续发展战略的组织场域、关注的问题，都在逐步变化。可以分为四个阶段：第一阶段为1999—2001年，这一阶段电信运营企业可持续发展的相关主体主要是投资者、客户。第二阶段为2002—2006年，这一阶段，电信运营企业可持续发展的相关主体扩展增加了社会公众、政府。政府对企业可持续发展的影响力在提升，而社会公众也逐渐展现了他们对电信企业在承担社会责任方面的要求。第三阶段为2007—2008年，这一阶段，电信运营企业可持续发展的相关主体扩展增加了环保机构、产业合作伙伴。环保机构和产业合作伙伴参与了进来，成为电信企业在制定可持续发展战略时也要考虑的因素。同时我们发现这一段模仿机制在其中所起作用逐渐明显。第四阶段为2009年—至今。这一阶段，电信运营企业可持续发展的相关主体扩展增加了媒体。媒体对电信企业采取可持续发展战略的影响力急剧提升。

（6）笔者将中国移动、中国联通、中国电信这三家运营商在2004—2008年采取可持续发展战略的行为进行统计对比，发现各个企业对于制度合法性压力的反应是不同的，各家运营商对可持续发展战略选择的态度有着较大差别，在不同的时期，电信运营企业在可持续发展战略选择上也有波动，且可以观察到可持续发展战略选择与可持续发展绩效之间很可能有着正向的相关性，并通过制度分析认为通过操纵环境来获得合法性有利于大型电信企业的创新成长。

（7）本研究探讨了如何建立一套可持续发展评估指标体系以用于评估企业的可持续发展能力和潜力、指引公司更有效地落实可持续发展战略。提出了搭建可持续发展指标体系的步骤、界定可持续发展关键要素的思路以及对可持续发展指标的衡量方法。

## 9.2 不足与未来研究方向

（1）本书通过实证研究了制度合法性对企业可持续发展战略及绩效的影响，但是对于企业面对制度合法性时的行为策略的分析较少。而关于企业行为与制度合法性之间的互动机理是一个值得期待的研究问题。目前学者们关于制度合法性与环境之间的互动仍然研究甚少，尽管Suchman（1995）等人提出了合法性管理的几种策略。

（2）本书结合利益相关者理论及电信行业特点提出了电信运营企业的制度合法性的内涵，但这种合法性的研究更多的是考虑目前电信行业的特点，没有对投资者和同业者角度的制度合法性要求进行深入的探讨。

（3）样本的选择方面也有一定的局限性。本书主要选择了中国移动集团的31省公司进行实证研究，同时将中国移动、中国电信、中国联通三家运营企业的数据进行了对比分析。如果能够有广泛的数据样本，特别是多行业的样本，所得到的实证研究结果会更加有说服力。同时，由于时间的关系和精力的限制，样本观察时间只有5年，如果观测能够多几年，也许会得出更多的结论或不同的结论。

（4）尽管本研究对于内容分析法的使用非常认真，采取多种措施来降低不同编码者之间的差异，但编码者的主观差异性仍然会存在。未来仍需要进一步探讨如何降低内容分析法的偏差，从编码工作的组织和质量保障方法上进行改进。

# 参考文献

鲍勃·威拉德. 2007. 下一个可持续发展浪潮[M].北京:中国社会科学出版社.

陈晓萍,徐淑英,樊景立. 2008. 组织与管理研究的实证方法[M].北京:北京大学出版社.

道格拉斯·C.诺斯. 1994. 制度、制度变迁与经济绩效[M].上海:三联书店.

郭红玲. 2004. 基于消费者需求的企业社会责任供给与财务绩效的关联性研究[D].成都:西南
交通大学.

郭毅. 2007. 新制度主义:理论评述及其对组织研究的贡献[J].社会,27:14-40.

郭毅. 2005. 寻求企业持续竞争优势的源泉——组织场域观下的战略决策分析 [J].管理学报,2
(6):696-705.

郭毅. 2006. 制度环境视野下的中国战略管理研究途径[J].管理学报,33(6):643-661.

李玉刚. 2009. 企业战略与制度互动机制的研究述评及启示[J].华东理工大学学报:社会科学版
(1):58-70.

王益民. 2004. 战略演变的制度基础观——制度转型期企业战略的生成、收敛与分化[D]. 上
海:复旦大学.

王育民. 2004. 从电信价值链到电信产业生态系统[J].通信企业管理(3):28-30.

徐淑英,刘忠明. 2004. 中国企业管理的前沿研究[M]北京:北京大学出版社.

杨荣. 2008. 基于制度视角的企业竞争优势[J].华东经济管理,22(8):97-101.

曾楚宏,朱仁宏,李孔岳. 2008. 基于战略视角的组织合法性研究[J].外国经济与管理,30(2):
9-15.

湛正群,李非. 2006. 组织制度理论:研究的问题、观点与进展[J]. 现代管理科学(4):14-16.

赵孟营. 2005. 组织合法性:在组织理性与事实的社会组织之间[J]. 北京师范大学学报:社会科
学版(2):119-125.

中国移动. (2009-07-03). 可持续发展项目外部利益相关方调研报告[EB/OL]. http://www.chinamobile.com/aboutus/csr/responsibility/speech/200907/t20090703_11832.htm.

周三多,邹统钎. 2003. 战略管理思想史[M].上海:复旦大学出版社.

周雪光. 2003. 组织社会学十讲[M].北京:社会科学文献出版社.

ALDRIC H E. 1999. Organizations Evolving[M]. London:Sage Publications.

ALEXANDER G J, Buchholz R A.1978. Corporate social responsibility and stock market performance. Academy of Management Journal, 21(3):479-486.

ANDREW J H.1997.From heresy to dogma:an institutional history of corporate environmentalism. San Francisco:New Lexington Press.

ANDREW J H.1999. Institutional Evolution and Change:Environmentalism and the U.S. Chemical Industry[J]. Academy of Management Journal, 42(4):351-371.

ANDREWS K R.1971.The Concept of Corporate Strategy, Homewood[M]. IL:Dow Jones-Irwin: 18-46.

ARGANDONA A. 1998. The stakeholder theory and the common good[J].Journal of Business Ethics, 17(9/10):1093-1102.

AUPPERLE K E, CARROLL A B,HATFIELD J D. 1985. An empirical examination of the relationship between corporate social responsibility and profitability. Academy of Management Journal, 28(2):446-463.

ASHFORTH B E, GIBBS B W.1990. The double-edge of organizational legitimization. Organization Science (1):177-194.

BANERJEE S B. 2003. Who sustains whose development? Sustainable development and the reinvention of nature. Organization Studies, 24(1):143-180.

BANSAL P, ROTH K. 2000. Why companies go green:a model of ecological responsiveness. Academy of Management Journal, 43(4):717‐736.

BANSAL P. 2005.Evolving Sustainably:a Longitudinal Study of Corporate Sustainable Development[J]. Strategic Management Journal, 26:197-218.

BARNETT W, CARROLL G. 1993. How institutional constraints affected the organization of early US telephony[J]. Journal of Law, Economics and Organization, 9:98-126.

BERNSTEIN L. 1992. Opting out of the legal system:Extralegal contractual relations in the diamond industry[J]. Journal of Legal Studies, 21 : 115-157.

BLODGETT L L.1991.Towards a resource-based theory of bargaining power in international joint ventures[J].Journal of Global Marketing (5):35-54.

BOAL K B, PEERY N. 1985. The cognitive structure of corporate social responsibility[J]. Journal of Management, 11(3):71-82.

BOWMAN E H, HELFAT C E. 2001. Does corporate strategy matter? [J]. Strategic Management Journal, 22(1):1-23.

BRINT S, KARABEL J. 1991. Institutional origins and transformations: the case of American community colleges[J]// POWELL W, DIMAGGIO P. The new institutionalism in organizational analysis. Chicago: University of Chicago Press.

BROWN T J, PETER A D.1997. The company and the product: corporate associations and consumer product responses[J]. Journal of Marketing, 61 (1):68-84.

BUYSSE K, VERBEKE A. 2003. Proactive environmental strategies: a stakeholder management perspective[J]. Strategic Management Journal, 24(5):453-470.

CARROLL A B. 1979. A three-dimensional conceptual model of corporate performance[J]. Academy of Management Review, 4(4):497-505.

CHEN F W.2002.The relationship of ethics decision-making to business ethics and performance in Taiwan[J]. Journal of Business ethics, 35(3):163-177.

CHILD J. 1972.Organizational structure, environment, and performance: the role of strategic choice[J]. Sociology, 6:1-22.

COCHRAN P L, WOOD R A.1984. Corporate social responsibility and financial performance[J]. Academy of Management Journal, 27(1):42-56.

CRAWFORD R L, GRAM H A. 1978. Social responsibility as interorganizational transaction[J]. Academy of Management Review, 3(4):880-888.

CREYER E H, WILLIAM T, ROSS J R. The influence of firm behavior on purchase intention: do consumers really care about business ethics? [J] . Journal of Consumer Marketing, 14 (6):421-32.

DACIN M T. 1997. Review-Institutions and organizations[J]. Administrative Science Quarterly, 42:821-824.

DAPHNE Y, SHIGE M. 2002. The choice between joint venture and wholly owned subsidiary: an institutional perspective[J]. Organization Science, 13(6):667 - 683.

DAVIS K. 1973. The case for and against business assumption of social responsibilities[J]. Academy of Management Journal, 16(2):312-322.

DAWKINS J. 2004. The public's view of corporate responsibility 2003[R]. White Paper Series, MORI.

DELMAS M, Toffel M. 2004. Stakeholders and environmental management practices: an institutional framework[J].Business Strategy and the Environment, 13:209-222.

DIMAGGIO P J, WALTER W P.1983. The iron cage revisited: institutional isomorphism and collective rationality in organizational fields[J]. American Sociological Review, 48: 147-160.

DIMAGGIO P. 1995. Comments on "what theory is not" [J]. Administrative Science Quarterly, 40: 391-397.

DIMAGGIO P J, POWELL W W.1991. Introduction[M]// POWELL W W, DIMAGGIO P J. The new institutionalism in organizational analysis. Chicago: University of Chicago Press:1-38.

DIMAGGIO P, POWELL W.1983. The iron cage revisited: institutional isomorphism and collective rationality in organizational fields[J]. American Sociological Review, 48:147-160.

DIMAGGIO P. 1983. State expansion and organizational field[M]// HALL R, QUINN R. Organizational theory and public policy. Beverly Hills, CA: Sage: 147-161.

DIMAGGIO P. 1988. Interest and agency in institutional theory[M]// ZUCKER L. institutional patterns and organizations. Cambridge, MA:Ballinger:3-21.

DOWLING J, PFEFFER J. 1975. Organizational legitimacy: Social values and organizational behavior[J]. Pacific Sociological Review, 18: 122-136.

ELBING A O.1970. The value issue of business: the responsibility of the businessman[J]. Academy of Management Journal, 13(1):79-89.

ELLEN, PAM S, LOIS A M, DEBORAH J W.2000. Charitable programs and the retailer: do they mix? [J]. Journal of Retailing, 76 (3):393-406.

ELSBACH K D. 1994. Managing organizational legitimacy in the California cattle industry: the construction and effectiveness of verbal accounts[J]. Administrative Science Quarterly, 39:57-88.

FLIGSTEIN N. 1985. The spread of the multidivisional form among large firms, 1919-1979[J]. American Sociological Review, 50:374-391.

FLIGSTEIN N.1991. The structural transformation of American industry: An institutional account of the causes of diversification in the largest firms:1919-1979. [M]// POWELL W, DIMAG-GIO P. The new institutionalism in organizational analysis. Chicago: University of Chicago Press:311-336.

FLIGSTEIN N.1996. Markets as politics: A political-cultural approach to market institutions[J]. American Sociological Review, 61:656-673.

FOMBRUN C J. 1996. Reputation: Realizing Value from the Corporate Image[M]. Boston, MA: Harvard Business School Press.

FRANK D J, HIRONAKA A, SCHOFER E. 2000. The nation-state and the natural environment over the twentieth century[J].American Sociological Review, 56:96-116.

FREEMAN R E. 1984. Strategic Management: A Stakeholder Approach[M]. Marshfield, MA: Pitman Publishing Inc.

GARRIGA E, MELÉ D. 2004. Corporate social responsibility theories: Mapping the territory[J]. Journal of Business Ethics, 53:51-71.

GAVIN J F, MAYNARD W S. 1975. Perceptions of corporate social responsibility[J]. Personnel Psychology, 28:377-387.

GLADWIN T N, KENNELLY J J. 1995. Shifting paradigms for sustainable development: Implications for management theory and research[J]. Academy of Management Review, 20(4): 874-907.

GOODSTEIN J D. 1994. Institutional pressures and strategic responsiveness : employer involvement in work-family issues[J]. Academy of Management Journal , 37:350-382.

GREENWOOD R, HININGS C.1996. Understanding radical organizational change: bringing together the old and the new institutionalism[J]. Academy of Management Review , 21:1022-1054.

HART S. 1995. A natural resource-based view of the firm[J]. Academy of Management Review, 20 (4):986-1014.

HARVEY B, ANJA S.2001. Managing relationships with environmental stakeholders: a study of U. K. water and electricity utilities[J]. Journal of Business Ethics, 30 (3):243-60.

HAY R, GRAY E. 1974. Social responsibilities of business managers[J]. Academy of Management Journal, 17(1):135-143.

HENRIQUES I, SADORSKY P. 1999. The relationship between environmental commitment and managerial perceptions of stakeholder importance[J]. Academy of Management Journal, 42:87-99.

HIRSCH P. 1997. Sociology without social structure: neo-institutional theory meets brave new world[J]. American Journal of Sociology, 102:1702-1723.

HIRSCH P, LOUNSBURY M. 1997. Ending the family quarrel: Toward a reconciliation of "old" and "new" institutionalisms[J]. American Behavioral Scientist, 40:406-418.

HOLM P. 1995. The dynamics of institutionalization: transformation processes in Norwegian fisheries[J]. Administrative Science Quarterly, 40:398-422.

HUANG J H.2001. Consumer evaluations of unethical behaviors of web sites: a cross-cultural comparison[J].Journal of International Consumer Marketing, 13 (4):51-71.

IVAN M.2008. Corporate social responsibility and corporate sustainability: separate pasts, common futures[J]. Organization & Environment, 21(3):245-269.

DOWLING J, PFEFFER J.1975. Organizational legitimacy: social values and organizational behavior[J]. Pacific Sociological Review, 18:122-136.

BARNEY J.1991.Firm resources and sustained competitive advantage[J]. Journal of Management, 17:99-120.

JENNINGS P D, ZANDBERGEN P A.1995. Ecologically sustainable organizations: an institutional approach[J]. Academy of Management Review, 20(4):1015-1052.

JICK T. 1979. Mixing qualitative and quantitative methods: triangulation in action[J]. Administrative Science Quarterly, 24:602-611.

KHANNA T, PALEPU K. 2000. The future of business groups in emerging markets: long-run evidence from Chile[J]. Academy of Management Journal, 43:268-285.

KLASSEN R D, WHYBARK D C. 1999. The impact of environmental technologies on manufacturing performance[J].Academy of Management Journal, 42(6):599-615.

KRAATZ M, ZAJAC E. 1996. Exploring the limits of the new institutionalism: The causes and consequences of illegitimate organizational change[J]. American Sociological Review, 61: 812-836.

KUMAR R, DAS T K. 2007.Interpartner legitimacy in the alliance development process[J]. Journal of Management Studies, 44(8): 1467-1453.

LORANGE P, SCOTT M M, GHOSHAL S.1986. Strategic control systems[M]. St Paul: West.

ZIMMERMAN M A, ZEITZ G J. 2002. Beyond survival: achieving new venture growth by building legitimacy[J]. Academy of Management Review, 27: 414-431.

LOUNSBURY M, GLYNN M A.2001.Cultural entrepreneurship: stories, legitimacy, and the acquisition of resources[J]. Strategic Management Journal, 22: 545-564.

DACIN M T, OLIVER C, ROY J. 2007. The legitimacy of strategic alliances: an institutional perspective[J]. Strategic Management Journal, 28:169-187.

BOISOT M, CHILD J.1996.From fiefs to clans and network capitalism: explaining China's emerging economic order[J]. Administrative Science Quarterly, 41:600-628.

SUCHMAN M C. 1995. Managing legitimacy: strategic and institutional approaches[J]. Academy of Management Review, 20 (3):571-610.

PENG M W, HEALTH P. 1996. The growth of the firm in planned economies in transition: institutions, organizations, and strategic choice[J]. Academy of Management Review, 21: 492-528.

PENG M W, SHENKAR O.2002. Joint venture dissolution as corporate divorce[J]. Academy of Management Executive, 16(2): 92-105.

PENG M W. 2006. Global strategy[M]. Cincinnati: Thomson South-Western.

PENG M W.2002. Towards an institution-based view of business strategy[J]. Asia Pacific Journal of Management, 19:251-267.

PENG M W.2003.Institutional Transitions and Strategic Choices[J]. Academy of Management Review, 28(2): 272-296.

MAIGNAN I, RALSTON D A. 2002. Corporate social responsibility in Europe and the U.S.: insights from businesses' self-presentations[J]. Journal of International Business Studies, 33

（3），497-514.

MAKINO S，NEUPERT K E.2000. National culture，transaction costs，and the choice between joint venture and wholly owned subsidiary[J]. Journal of International Business Studies，31（4）：705-713.

MAKINO S，ISOBE T，CHAN C M. 2004. Does country matter? [J]. Strategic Management Journal，25（10）：1027-1043.

MARTIN R，SCOTT W R.1998. A multi-dimensional model of organizational legitimacy:hospital survival in changing institutional environments [J]. Administrative Science Quarterly, 43(4):877-903.

MCGEE J. 1998. Commentary on "Corporate strategies and environmental regulations：an organizing framework" [J]. Strategic Management Journal，19（4）:377-387.

MCGUIRE J B，SUNDGREN A，SCHNEEWEIS T. 1988. Corporate social responsibility and firm financial performance [J]. Academy of Management Journal，31（4），854-872.

MCWILLIAMS A，SIEGEL D. 2001. Corporate social responsibility：a theory of the firm perspective [J].Academy of Management Review，26（1）：117-127.

MEARS P，SMITH J. 1977. The ethics of social responsibility：a discriminant analysis [J]. Journal of Management，3（2）:1-5.

MEYER J W，BRIAN R. 1977. Institutionalized organizations：formal structure as myth and ceremony[J]. American Journal of Sociology，83:340-363.

MEYER A.1982. Adapting to environmental jolts[J]. Administrative Science Quarterly，27:515-537.

NAUTA R. 1988. Task performance and attributional biases in the ministry[J]. Journal for the Scientific Study of Religion，27:609-620.

OLIVER C. 1991. Strategic responses to institutional processes[J]. Academy of Management Review，16：145-179.

OLIVER C.1992. The antecedents of deinstitutionalization[J]. Organization Studies，13:563-588.

OLIVER C.1997. The influence of institutional and task environment relationships on organizational performance：the canadian construction industry[J]. Journal of Management Studies，33：99-124.

ORRU M, BIGGART N, HAMILTON G.1991. Organizational isomorphism in east Asia[M]// POWELL W, DIMAGGIO P. The new institutionalism in organizational analysis:1-38. Chicago: University of Chicago Press.

INGRAM P, SILVERMAN B.2002. Introduction[M] // INGRAM P, SILVERMAN B. The New Institutionalism in Strategic Management. Elsevier: Amsterdam.

PAMELA S, TOLBERT. 1985. Institutional environments and resource dependence: sources of administrative structure in institutions of higher education[J]. Administrative Science Quarterly, 30(1):1-13

PARSONS T. 1960.Structure and process in modern societies[M]. Glencoe, IL: Free Press.

STANWICK P A, STANWKIEK S D.1998.The relation between corporate social performance and organizational size, financial performance, and environmental performance: an empirical examination[J].Journal of business ethics, 17(2):195-205.

PFEFFER J, SALANCIK G E. 1978. The external control of organizations[M]. New York: Harper & Row.

PIRSCH, JULIE, SHRUTI G, STACY G.2007. A framework for understanding corporate social responsibility programs as a continuum: an exploratory study[J]. Journal of Business Ethics, 70 (2): 125-40.

POST, FREDERICK R.2003. A response to the social responsibility of corporate management: a classical critique[J]. Mid-American Journal of Business, 18 (1):25-35.

PURCELL T V. 1974. What are the social responsibilities for psychologists in industry? A symposium[J]. Personnel Psychology, 27:435-453.

RAMUS C A, MONTIEL I. 2005. When are corporate environmental policies a form of "green washing"? [J]. Business & Society, 44(4):377-414.

RAMUS C A, STEGER U. 2000. The roles of supervisory support behaviors and environmental policy in employee "ecoinitiatives" at leading-edge European companies[J]. Academy of Management Journal, 43(4), 605-626.

RUSSO M V, FOUTS P A. 1997. A resource-based perspective on corporate environmental performance and profitability[J]. Academy of Management Journal 40(3):534-559.

RUSSO M V, HARRISON N S. 2005. Organizational design and environmental performance: Clues from the electronics industry[J]. Academy of Management Journal, 48(4), 582-593.

SANJAY S, IRENE HENRIQUES. 2005. Stakeholder influences on sustainability practices in the Canadian forest products industry[J]. Strategic Management Journal, 26:159-180.

SCOTT D J, JOSEPH C O, ROBERT T J. 2008. Understanding strategic responses to interes group pressures[J]. Strategic Management Journal, 29:963-984.

SCOTT W R. 1987. The adolescence of institutional theory[J]. Administrative Science Quarterly, 32 (4):493-511.

SCOTT W R. 1987.Organizations: Rational, natural, and open systems[M]. 2nd ed. Englewood Cliffs, NJ: Prentice-Hall.

SCOTT W R, MEYER J W.1983.The organization of societal sectors[M]. //MEYER J W, SCOTT W R. Organizational environments: ritual and rationality: 129-153. Beverly Hills, CA: Sage.

SCOTT W R, MEYER J W.1987.Environmental linkages and organizational complexity: public and private schools[M]//LEVIN H M, JAMES T. Comparing public and private schools. New York: Fulmer Press.

SCOTT W R.1991. Unpacking institutional arguments[M].//POWELL W, DIMAGGIO P. The new institutionalism in organizational analysis. Chicago: University of Chicago Press.

SCOTT W R.1995. Institutions and organizations[M]. London: Sage.

SHARMA S, VREDENBURG H. 1998. Proactive corporate environmental strategy and the development of competitively valuable organizational capabilities[J]. Strategic Management Journal, 19 (8): 729-753.

SHRIVASTAVA P. 1995. Environmental technologies and competitive advantage[J]. Strategic Management Journal, 16: 183-200.

SIMPSON W G, THEODOR K. 2002. The link between corporate social and financial performance: evidence from the banking industry[J]. Journal of Business Ethics, 35 (2):97-109.

STARIK M, RANDS G P. 1995. Weaving an integrated web: multilevel and multisystem perspectives of ecologically sustainable organizations[J]. Academy of Management Review, 20 (4): 908-935.

STRIKE V, GAO J, BANSAL P. 2006. Being good while being bad: social responsibility and the international diversification of U.S. firms[J]. Journal of International Business Studies, 37 (6).

SWIDLER A.1986. Culture in action: Symbols and strategies[J]. American Sociological Review, 51:273-286

TUZZOLINO F, ARMANDI B R. 1981. A need-hierarchy framework for assessing corporate social responsibility[J]. Academy of Management Review, 6(1):21-28.

VILKKA L. 1997. The intrinsic value of nature[M]. Amsterdam: Rodopi.

WADE-BENZONI K A, HOFFMAN A J, THOMPSON L L, MOORE D A, GILLESPIE J J, BAZERMAN M H. 2002. Barriers to resolution in ideologically based negotiations: the role of values and institutions[J]. Academy of Management Review, 27(1):41-57.

WALLEY N, WHITEHEAD B. 1994. It's not easy being green[J]. Harvard Business Review, 72 (3):46-52.

WHITE H. 1992. Identity and control: a structural theory of social interaction[M]. Princeton, NJ: Princeton University Press.

WHITEMAN G, COOPER W H. 2000. Ecological embeddedness[J]. Academy of Management Journal, 43(6):1265-1282.

WINTER C. 2007. The intrinsic, instrumental and spiritual values of natural area visitors and the general public: A comparative study[J]. Journal of Sustainable Tourism, 15(6), 599-614.

ZENISEK T J. 1979. Corporate social responsibility: a conceptualization based on organizational literature[J]. Academy of Management Review, 4(3):359-368.

# 附录 编码表与编码说明

## 1) 编码表

对国内电信运营企业可持续发展相关报道的编码指示。每一条报道记录一张表。（实际编码时，请以电子表格为填写对象）

编码员编号：＿＿＿＿＿＿＿＿＿＿＿＿

新闻报道名称：＿＿＿＿＿＿＿＿＿＿＿＿＿＿＿＿＿＿＿＿

报道年份：＿＿＿＿＿＿＿

报道月份：＿＿＿＿＿＿＿

报道所在省份：＿＿＿＿＿＿＿


报道涉及运营商：＿＿＿＿＿＿＿

运营商主体行为：运营商战略执行＿＿＿＿＿＿＿

　　　　　　　运营商战略选择＿＿＿＿＿＿＿


除运营商外的参与者：＿＿＿＿＿＿＿

其他参与者主体行为：行业监管约束要求＿＿＿＿＿＿＿

　　　　　　　　　产业上下游的合作伙伴要求＿＿＿＿＿＿＿

　　　　　　　　　社会公众和媒体要求＿＿＿＿＿＿＿

## 2）编码说明（编码执行表）

### （1）分析单位说明

本编码表以2004—2008年《人民邮电报》所有报道为样本，从中抽取与国内电信运营企业可持续发展战略及绩效相关的报道并进行编码，因此本内容分析的观察单位就是2004—2008年《人民邮电报》中与国内电信运营企业可持续发展战略及绩效相关的新闻报道。

而本内容的分析单位涉及报道年月、报道主体（包括运营商和其他参与者）、报道所在省份、报道主体的参与行为几大方面。

### （2）内容类别说明

在确定了分析单位的基础上，根据穷尽性和互斥性的原则确定建立分析内容的类别，在此基础上，清晰、细致、全面地考虑所要分析内容的各个方面。以下是各内容类别的具体说明：

A. 该新闻报道的年份（单选）：

1□2004年　2□2005年　3□2006年　4□2007年　5□2008年

B. 该新闻报道的月份（单选）：

1□1月　　2□2月　　3□3月　　4□4月　　5□5月　　6□6月

7□7月　　8□8月　　9□9月　　10□10月　11□11月　12□12月

C. 该新闻报道所在省份（可多选）：

0□集团　　1□广东　　2□江苏　　3□浙江　　4□山东　　5□北京

6□上海　　7□陕西　　8□河北　　9□辽宁　　10□四川　11□福建

12□黑龙江　13□湖北　　14□河南　　15□湖南　　16□内蒙古

17□重庆　　18□吉林　　19□广西　　20□安徽　　21□山西

22□云南　　23□天津　　24□江西　　25□甘肃　　26□贵州

27□新疆　　28□宁夏　　29□海南　　30□青海　　31□西藏

D. 该新闻报道涉及的运营商（可多选）：

1□中国移动　2□中国电信　3□中国网通

4□中国联通（含原中国联通及重组后新中国联通）

E. 运营商主体行为：

若该新闻报道的主体是运营商，则从环境、经济、社会三方面来对新闻报道的电信运营企业的可持续发展战略执行和选择进行编码。

E1. 运营商战略执行（可多选）：

| 一级 | 二级 | 编码 |
|---|---|---|
| 促进环境完整 | 加大对设备升级的投入以降低电磁辐射 | 0 |
| | 减少生产活动对能源等原材料的使用量 | 1 |
| | 回收旧设备重新利用 | 2 |
| | 回收并处理废弃电信设备及配件 | 3 |
| | 为环保机构提供捐赠 | 4 |
| | 开展环保知识宣传和培训 | 5 |
| 促进经济繁荣 | 开展降低运营成本、提高运营效率的活动 | 6 |
| | 通过信息化服务促进社会经济繁荣 | 7 |
| | 扩大公司收入来源、提升公司效益（包括业务创新与促销拉动消费） | 8 |
| | 投资促进地方经济建设和就业，增加雇佣员工数量 | 9 |
| | 产业合作形式多样化（包括扶持产业链薄弱环节），带动产业链的合作共赢等 | 10 |
| 促进社会公平 | 改进产品质量和服务水平，提供更便利的服务 | 11 |
| | 为社会公益事业提供捐赠 | 12 |
| | 开展志愿者行动，直接或利用信息化平台参与社会公益事业 | 13 |
| | 加大对落后、边远地区电信事业发展的投入 | 14 |

续表

| 一级 | 二级 | 编码 |
|---|---|---|
| 促进社会公平 | 为语言障碍者、文盲、缺乏教育者、残障人士、老年人和贫困者等弱势群体提供特殊的电信产品和服务 | 15 |
| | 重视应急通信保障，包括执行应急通信保障、加强演练、增加应急通信保障投入等 | 16 |
| | 加大力度处理不良网络信息，改进管理手段，以及提高网络安全水平 | 17 |
| | 加强廉洁自律和反商业贿赂教育和实施更严格的管理规范 | 18 |
| | 为员工提供更多的福利保障措施和学习成长机会，鼓励员工成长 | 19 |
| | 加强对产业链合作伙伴的管理力度，改进管理方式和手段 | 20 |
| | 通过与监管部门配合，维护行业的有序竞争，减少不正当竞争行为 | 21 |
| | 配合政府促进社会安全和稳定，包括进行和谐社会宣传教育工作，以及利用信息手段进行社会安保工作 | 22 |
| | 因参与公益、维护社会安定、促进社会信息化等而获得表彰与认可 | 23 |

E2. 运营商战略选择（可多选）：

| 一级 | 二级 | 编码 |
|---|---|---|
| 促进环境完整 | 提出建设节约型企业、促进节能减排的目标 | 0 |
| | 提出加大对设备升级的投入以降低电磁辐射 | 1 |
| | 提出减少生产活动对能源等原材料的使用量 | 2 |
| | 提出回收旧设备重新利用 | 3 |
| | 提出回收并处理废弃电信设备及配件 | 4 |
| | 提出为环保机构提供捐赠 | 5 |
| | 提出开展环保知识宣传和培训 | 6 |

| 一级 | 二级 | 编码 |
|---|---|---|
| 促进经济繁荣 | 提出降低运营成本、提高投入产出比 | 7 |
| | 提出通过信息化服务促进社会经济繁荣 | 8 |
| | 提出收入或利润增长目标（包括业务创新与促销拉动消费） | 9 |
| | 提出支持政府经济建设、扩大就业 | 10 |
| | 提出带动产业发展壮大与共赢 | 11 |
| 社会公平 | 提出改进产品质量和服务的举措 | 12 |
| | 提出为社会公益事业提供捐赠 | 13 |
| | 提出开展志愿者行动、直接参与社会公益事业 | 14 |
| | 提出扶持落后地区电信事业发展 | 15 |
| | 提出为语言障碍者、文盲、缺乏教育者、残障人士和老年人提供电信产品和服务 | 16 |
| | 提出提高应急通信保障水平 | 17 |
| | 提出加大力度建设良性通信文化，以及提高网络安全水平 | 18 |
| | 提出廉洁自律、反对商业贿赂 | 19 |
| | 提出提高员工福利保障、促进员工学习成长 | 20 |
| | 提出促进产业规范发展，例如治理垃圾短信、打击淫秽色情内容传播等 | 21 |
| | 提出有序竞合、引领产业发展 | 22 |
| | 促进社会安定与和谐社会建设 | 23 |

F. 除运营商外的参与者（可多选）：

1□政府机构　　2□客户　　　3□社会公众和媒体　　4□产业合作伙伴

G. 其他参与者主体行为：

若新闻报道的主体是除运营商外的其他参与者，则结合上题"F.除运营商外的参与者"，分析判断该参与者主体行为可能涉及以下哪些类别（包括行业监管约束要求、产业上下游的合作伙伴要求、社会公众和媒体要求），并针对各类的细项别进行编码。

以选取、阅读并分析的部分样本数据为基础，得出以下关联（由于该部分编码过程的复杂性，在编码前重点针对此部分进行编码员的培训。特殊情况可以灵活处理）：

① 若参与主体是政府机构、行业组织（如协会）等，则对"G1. 行业监管约束要求"部分进行编码；

② 若参与主体是产业合作伙伴等，则对"G2. 产业上下游的合作伙伴要求"部分进行编码；

③ 若参与主体是客户、社会公众和媒体等，则对"G3. 社会公众和媒体要求"部分进行编码。

G1. 行业监管约束要求（可多选）：

指行业监管部门（包括工业和信息化部、国资委、财政部、地方政府等可以对企业形成制裁性约束的部门）对企业在可持续发展战略的要求。

| 一级指标 | 二级指标 | 三级指标 | 编码 |
|---|---|---|---|
| 环境方面 | 促进绿色环保事业 | 参与环保、节能减排 | 1 |
| 经济方面 | 引领行业发展 | 促进整个社会的通信普及应用，包括提供更多的业务、发展更多的客户 | 2 |
| | | 稳定的经济收益 | 3 |
| 社会方面 | 民众满意 | 提供优质的产品、服务给广大用户 | 4 |
| | | 减少社会投诉 | 5 |
| | 配合政府工作重点 | 支持政府在不同时期的工作重点 | 6 |
| | | 利用移动平台协助政府工作 | 7 |
| | | 积极有效地与政府进行沟通 | 8 |
| | 公平、非垄断、和谐竞争 | 带动行业整体发展 | 9 |
| | | 与同业者互相促进、共同发展 | 10 |

### G2. 产业上下游的合作伙伴要求

指电信运营企业的产业合作伙伴（如电信设备商、渠道合作者、内容提供商、系统集成商、终端厂商等）对于企业在可持续发展战略的要求。

| 一级指标 | 二级指标 | 三级指标 | 编码 |
|---|---|---|---|
| 经济方面 | 战略前瞻性 | 明确的市场潜力 | 1 |
| | | 有前瞻性的规划和长期战略 | 2 |
| | | 合作共同开拓市场 | 3 |
| | 公平的、深层次合作 | 长期战略伙伴关系 | 4 |
| | | 共担风险共享收益 | 5 |
| | | 为客户提供多元化的增值服务 | 6 |
| | | 超出简单"买卖"关系的深度合作 | 7 |
| 社会方面 | 对合作伙伴的开放性、管理方式的改进 | 提高透明度，信息分享 | 8 |
| | | 知识、技术共享 | 9 |
| | | 充分利用合作伙伴的优势资源 | 10 |

### G3. 社会公众和媒体要求

指社会公众和媒体作为泛在的利益相关者，从社会准则角度对于企业在可持续发展战略的要求。

| 一级指标 | 二级指标 | 三级指标 | 编码 |
|---|---|---|---|
| 环境方面 | 促进环境保护 | 自身关注实施节能减排 | 1 |
| | | 为环保事业提供捐助、促进环保宣传或参与志愿服务 | 2 |
| 经济方面 | 合理的收费 | 合理的资费标准、无乱收费 | 3 |
| 社会方面 | 公平非垄断 | 非强势垄断的企业形象 | 4 |
| | | 回馈社会 | 5 |
| | 公众满意 | 优质的产品和服务 | 6 |
| | | 优秀的社会声誉 | 7 |